Gunnar Heinsohn

Wettkampf um die Klugen

Gunnar Heinsohn

Wettkampf um die Klugen

Kompetenz, Bildung und die Wohlfahrt der Nationen

orell füssli Verlag

Orell Füssli Verlag, www.ofv.ch
© 2019 Orell Füssli Sicherheitsdruck AG, Zürich
Alle Rechte vorbehalten

Dieses Werk ist urheberrechtlich geschützt. Dadurch begründete Rechte, insbesondere der Übersetzung, des Nachdrucks, des Vortrags, der Entnahme von Abbildungen und Tabellen, der Funksendung, der Mikroverfilmung oder der Vervielfältigung auf andern Wegen und der Speicherung in Datenverarbeitungsanlagen, bleiben, auch bei nur auszugsweiser Verwertung, vorbehalten. Vervielfältigungen des Werkes oder von Teilen des Werkes sind auch im Einzelfall nur in den Grenzen der gesetzlichen Bestimmungen des Urheberrechtsgesetzes in der jeweils geltenden Fassung zulässig. Sie sind grundsätzlich vergütungspflichtig.

Umschlaggestaltung: Barbara Thommen, Zürich
Druck und Bindung: Str Press s.r.l., Rom

ISBN 978-3-280-05707-0

Die Deutsche Nationalbibliothek verzeichnet diese Publikation in der Deutschen Nationalbibliografie; detaillierte bibliografische Daten sind im Internet unter www.dnb.de abrufbar.

Inhalt

I:	Klugheit siegt	7
II A:	Warum ist das 21. Jahrhundert kein japanisches?	17
II B:	Kolonisiert, zwangsprostituiert, zerstört und massakriert:	39
	Warum steht Südkorea nicht ganz unten?	39
II C:	Vergreist China, bevor es reich wird?	49
III:	Mathematischer Reichtum der Nationen	89
IV A:	Wird West-Europa noch einmal gescheit?	111
IV B:	Geht Amerikas Schwäche vorüber?	137
IV C:	Eigene Talente halten, fremde hinzugewinnen: Die Ex-Kronkolonien	151
V:	Warum rutscht der Rest der Welt weiter ab?	163
VI:	Eine Global-Doktrin	173
	Anmerkungen	189
VII:	Danksagung	232

I: Klugheit siegt

Gehirn schlägt Religion, »Rasse«, Klasse, und jugendliche Masse. Kommen bis weit ins 20. Jahrhundert hinein Patente noch von gut Begabten, braucht es für Innovationen in Gegenwart und Zukunft Teams von Hochbegabten. Sie gehören zu den Schülern, die es bei den Mathematik-Olympiaden (TIMSS) in die Gruppe der Besten (»advanced«) schaffen. In Ostasien sind das pro Jahrgang dreißig bis fünfzig Prozent. Sie übertreffen Osteuropäer und die meisten englischsprachigen Länder um das Zwei- bis Dreifache. Die Westeuropäer werden – von wenigen Ausnahmen abgesehen – um mindestens das Sechsfache (Deutschland) bis Zwölffache (Frankreich) abgehängt. Die gut 170 verbleibenden Nationen liegen zwischen null und ein Prozent fast aussichtslos zurück.

Allein in den OECD-Staaten mit 1,2 Milliarden Menschen (ohne Mexiko) fehlen 2020 rund 40 Millionen Hochqualifizierte, um sie im Rennen um Start-ups und Weltmarktanteile auch nur weiter mitlaufen zu lassen.[1] Da es nicht für alle reicht, betreiben diese Länder die gegenseitige Abwerbung ihrer besten fünf Prozent. Wer pro Jahrgang nur ein bis fünf Prozent Matheasse zur Verfügung hat, rutscht bei dieser gegenseitigen Kannibalisierung schnell unter die kritische Masse für ein Verbleiben im Spitzenfeld.

Niemand kann mit gefälligen Hautfarben, Haarstrukturen, Gottheiten oder kreativen Integrationsprogrammen ausgleichen, was an *Cognitive Ability* (CA)[2] fehlt. Sie misst mit ihrer Konzentration auf Mathematik und Naturwissenschaften objektiver, also vorurteilsfreier als jedes andere Verfahren, was für geistige Hochleistungen unverzichtbar ist. Obwohl ihre Differenzen zuverlässig gemessen werden, ist gleichwohl nicht bewiesen, dass sie vorab festgelegt, also unveränderbar wären. Gerade von den niedrigsten Werten her gelingen die höchsten Zugewinne. Sie reichen bisher aber nicht für ein Aufrücken in die Advanced-Gruppe. Liefern deshalb Mathe-Asse plus Patentdichte plus Eigentumsrechte die optimale Formel für die Voraussage der wirtschaftlichen Zukunft? Man mag das bezweifeln und doch Mühe haben, etwas Überzeugenderes an ihre Stelle zu setzen.

Die gezielte Verbesserung des Qualifikationsprofils schließt bunte Vielfalt nicht aus. Postnationale Länder wie Kanada bestehen auf einer hohen Bildungsfähigkeit ihrer Einwanderer und beherbergen dennoch über 250 Ethnien.[3] Die hohen Milliardenbeträge westlicher Staaten für das Herbeiführen multikultureller Harmonie durch Pädagogen und Sozialarbeiter hingegen bleiben weitgehend wirkungslos, wenn die Menschen nicht von vornherein auf ähnlichem Niveau miteinander kommunizieren können. Wer inneren Frieden will, investiert in das Halten der heimischen Könner, den Zugewinn an fremden Talenten und in die Erhöhung der allgemeinen *Cognitive Ability*. Er verlässt sich nicht darauf, dass nachgeschaltete Bildungsprogramme das Notwendige schon liefern werden.

Auch ein hohes Durchschnittsalter wird erst dann zu einem Problem, wenn es mit fallender Kompetenz einhergeht. Dass Japan von 150 Hundertjährigen im Jahr 1963 auf 70 000 im Jahr 2018 springt,[4] wird in Europa als erschreckender Beweis für seinen unaufhaltsamen Abstieg hingestellt. Hingegen wird gern übergangen, dass die unstrittige Führungsnation beim Vergreisen pro Jahrgang aber immer noch sechsmal so viele mathematisch begabte Kinder aufzieht wie Deutschland oder Schweden und zwölfmal so viele wie Frankreich (siehe Tabellen am Ende von Kapitel III unten).

Steven M. Hankin von McKinsey widmet sich 1997 erstmals dem »war for talent« und zielt damit auf die engere Konkurrenz amerikanischer Firmen um die Besten aus dem eigenen Land.[5] Die globale Ausweitung der Suche nach Talenten jedoch lebt von der anfangs überraschenden Erkenntnis, dass außerhalb der eigenen Landesgrenzen Arbeitskräfte leben, die mehr können als die heimischen, aber viel weniger kosten und deshalb für höhere Löhne das Land wechseln.[6]

Was selbst unter Einsatz kostspieliger und hoch motivierter Pädagogen nicht beliebig erzeugt werden kann, wächst andernorts selbst unter ärmlichsten Bedingungen heran. Dieser andere Ort ist Ostasien mit rund 1,75 Milliarden Chinesen, Japanern, Koreanern, Mongolen und Vietnamesen. Dabei geht es – bei allerdings fallender Tendenz – um ein knappes Viertel der Weltbevölkerung mit knapp 30 Prozent aller Erwerbstätigen. Diese Region bringt rund zwei Drittel aller Kinder hervor, die bei den internationalen Mathematik-Olympiaden (TIMSS) die höchste Leistungsklasse (»advanced«) erreichen. Bei der technologischen Innovationsfähigkeit sieht die globale Konkurrenz Japan vor den USA auf dem ersten Platz. Gleich dahinter folgen Südkorea und China.[7]

Dieser Vorsprung gilt als rätselhaft, bis *Nature* 1982 den Befund veröffentlicht, dass unter den vielen Ethnien Nordamerikas die Kinder von Ostasiaten in den Schultests am besten abschneiden.[8] Wie konnte dieser kognitive Vorsprung zuvor übersehen und bis heute in den meisten ökonomischen Analysen übergangen werden? War und ist ein weißes rassistisches Vorurteil am Werk? Durchaus!

So hatte Japan etwa 1919 vergeblich versucht, eine Erklärung über allgemeine Gleichheit ungeachtet von »Rasse und Nationalität« in die Völkerbund-Verfassung einzubringen (*Proposal to abolish racial discrimination*).[9] Man könne doch die einem zugeschriebene »Minderwertigkeit« nicht auch noch unterschreiben, gab Japans Botschafter zu bedenken. Die USA, Australien und Neuseeland unterbanden eine solche Klausel, weil sie als indirektes Recht auf die Einwanderung unerwünschter Ostasiaten hätte gedeutet werden können. Australiens Premierminister Billy Hughes (1862–1952), ein populärer Gewerkschaftsführer, gab zu Protokoll, dass »95 Prozent der Australier schon die bloße Idee der Gleichheit ablehnten.«[10]

Sie hätten es besser wissen können. Heute automatisiert Japans Firma Hitachi die Industriebahnen des australischen Minengiganten Rio Tinto.[11] Doch bereits unter den Feudalstrukturen des Mittelalters übertrafen Ostasiaten – zum Beispiel beim Drucken mit beweglichen Buchstaben oder durch die Erfindung von Porzellan, Schießpulver und Kompass – das Abendland deutlich. Wer das als längst verjährte Glücksgriffe abtun will, mag eine Erklärung dafür vorlegen, warum ganz aktuell von den zwanzig patentstärksten Firmen im globalen Sektor der Künstlichen Intelligenz ein volles Dutzend in Japan zuhause ist.[12]

Trotz wahrscheinlich geringerer – damals aber nicht gemessener – Durchschnittskompetenz können Europäer – zuerst Engländer – ab dem späten 14. Jh. nach vorne kommen, weil sie mit Eigentum operieren, das für die Besicherung von Geld oder von Kredit riskant belastet, also auch verloren werden kann. Seine permanente Verteidigung gegen den drohenden Bankrott führt zur technologie-innovativen Konkurrenz unter Europäern.[13] Sie bringt – in Verbindung mit der Bestrafung der Geburtenkontrolle seit dem Ende des 15. Jahrhunderts[14] – über 90 Prozent der Welt unter die Kontrolle von »Weißen«. Gleichwohl können die Ostasiaten – obwohl gelegentlich besiegt – niemals unterworfen werden.

Ende des 19. Jahrhunderts beginnt Japan durch die Übernahme von Eigentumsrechten die Aufholjagd. Schon 1905 kann es Russland durch Vernichtung der zaristischen Flotte bei Tsushima besiegen. Obwohl Petersburg seine fünf modernsten Schlachtschiffe einsetzt (Borodino-Klasse), werden sie durch die technisch überlegenen Japaner innerhalb von 24 Stunden versenkt.[15]

Das enorme Vorhaben Japans, sich China und Ostasien einzuverleiben und gleichzeitig die »weißen« Imperien aus dem Pazifik zu vertreiben, scheitert erst 1945 an der amerikanischen Waffenüberlegenheit, wobei die Nuklearbomben vor allem verfolgten Europäern zu verdanken sind, deren Kompetenz der ostasiatischen noch überlegen war.

Dennoch erreicht Japan auch nach Hiroshima und Nagasaki bei Patenten – relativ zum Bruttoinlandsprodukt – schnell die Weltspitze. Das – fast gleichzeitig mit Taiwan und Singapur – in den 1950er Jahren ins Eigentum startende Südkorea übertrifft schon im Jahr 2000 seine alte Kolonialmacht bei der Patentdichte. Das 1979 in die Eigentumsökonomie eintretende China erreicht – obwohl 1990 noch bei null liegend – 2017 bereits den – 2018 weiter ausgebauten – zweiten Platz bei den besonders scharf selektierten internationalen PCT-Patenten. Zugleich wird Chinas Huawei vor Mitsubishi aus Japan zur patentstärksten Firma der Menschheit.[16]

Seit 1980 laufen Europäer und Ostasiaten erstmals seit dem Mittelalter wieder in derselben wirtschaftsrechtlichen Spur. Während Japan niemals über den global zweiten Platz hinter den USA hinauskommt, will nunmehr China – demografisch elfmal so groß wie Japan und viermal so groß wie die USA – ganz nach oben. Da alle Ostasiaten zusammen von den heute rund 900 Millionen Wanderungswilligen[17] der übrigen Menschheit nur einige Dutzend jährlich aufnehmen, schützen sie eifersüchtig ihren kognitiven Vorsprung gegen Niveausenkungen aus der Fremde.

Bereits in den 1970er Jahren etablieren Australien, Kanada und Neuseeland einen ähnlichen Grenzfilter, als sie die Rassendiskriminierung aufheben und jeden ins Land lassen, der zum wirtschaftlichen Fortkommen beitragen kann. Damit wird aus dem ostasiatisch-westlichen Zweikampf zunehmend ein Dreikampf zwischen Ostasien, seinen europäiden Nachahmern und dem noch unentschlossenen Rest-Westen mit seinen weitgehend offenen Grenzen. Lediglich die dritte Gruppe vertritt noch den Optimismus der 1990er Jahre, dass sowohl Freihandel als auch und militärische Interventionen gegen Diktatoren die Dritte Welt auf das Niveau des Westens hebe, der seinerseits wiederum durch Aufnahme des dortigen Geburtenüberschusses seine Vitalität wiederbelebe.

Heute wird zunehmend begriffen, dass in der Spitzengruppe nur bleibt, wer seine Kinder nicht immer weiter hinter Ostasiens Musterschüler zurückfallen lässt. Die gesamte Anglo-Welt hat auch deshalb mittlerweile 14 Millionen ostasiatische Neubürger.[18] Kontinentale Westeuropäer und EU-Südeuropäer halten mit 17 Millionen[19] Muslimen dagegen. Die bremsen aber nicht aufgrund ihrer Religion, sondern werden aus überwiegend weniger qualifizierten Sektoren ihrer Heimat geholt. Hingegen gehören etwa iranische Schüler in der Bundesrepublik bei der Abiturquote mit zu den Besten.[20]

Die beiden westlichen Blöcke unterscheiden sich vor allem dadurch, dass die Angelsachsen Kompetenznachweise *vor* dem Hereinlassen fordern, während Westeuropa eher auf Willkommen setzt und den Rest – bisher allerdings vergeblich – von seinem Bildungssystem erhofft. Man mag den Weg der ehemaligen Kronkolonien verwerflich finden. Aber wird man selber noch helfen können, wenn das eigene Lager zu den knapp fünf Milliarden Menschen driftet, für die es in der ökonomischen Globalkonkurrenz kaum Chancen gibt?

Die nachstehende Tabelle umreißt für die Gegenwart die globale Position der drei Blöcke Ostasien, gespaltener Westen und Rest der Welt. Sie zeigt gleichwohl nichts dauerhaft Fixiertes. Niemand kann wissen, wie es in 80 oder 180 Jahren aussieht und was dann fürs Überleben zählt.

Auch die hier vertretene Annahme, dass für den zukünftigen ökonomischen Erfolg kognitive Potenz und innovative Patente ausschlaggebend sind, muss sich in Zweifel ziehen lassen. Womöglich gewinnen einmal Faktoren Bedeutung, die heute im Verborgenen liegen. Obwohl sie für die nächsten zwanzig Jahre kaum erkennbar sind, werden sie selbstredend nicht in Abrede gestellt.

WELTSYSTEM 2020		
OSTASIEN (Chinesen, Japaner, Koreaner, Mongolen, Vietnamesen)	**EUROPÄIDE GEBIETE** (Europa, Russland, USA/CDN, Israel, AUS/NZ)	**ÜBRIGE WELT** (Lat.-Am./Karibik, Süd/Südost-Asien, Islambogen von Marokko bis Pakistan + Indonesien, Subsahara-Raum)
1,75 Milliarden Zu wenig Geburten	**1,15 Milliarden** Zu wenig Geburten	**4,9 Milliarden**[21] (7 Mrd. 2050). Reichlich Geburten
1 ½ Nuklearmächte	5 Nuklearmächte	2 Nuklearmächte
30–50 % der Kinder mathematisch »advanced« (TIMSS 2015)	**2–20 %** der Kinder mathematisch »advanced« (TIMSS 2015; Westeuropa stetig absinkend)	**0–2 %** der Kinder mathematisch »advanced« (TIMSS 2015)
48 % PCT-Patente 2018	**49 %** PCT-Patente 2018	**3 %** PCT-Patente 2018
Ökonomisches Überholen	Ökonomisches Stagnieren	Ökonomisches Absinken
Grenzen nur offen für Könner	Grenzen weitgehend offen, weshalb Westeuropas Kluge in Kompetenzfestungen (Pässe nur an Asse; AUS, CDN, CH, NZ etc.) umziehen.	Grenzen unkontrollierbar
Stetige Eigenstärkung	Weltpolizei; imperiale Überdehnung; militärisches Absinken Westeuropas	Blutvergießen, Migration, Einsatzgebiet der Weltpolizei

II A: Warum ist das 21. Jahrhundert kein japanisches?

»Die dümmsten Bauern ernten die dicksten Kartoffeln« ist kein Sprichwort, das vor Veralterung geschützt ist. Seine moderne Fortschreibung in dem Sinne, dass schwer Beschulbare die klügsten Beiträge zur Künstlichen Intelligenz liefern, würde nicht einmal Heiterkeit hervorrufen.

Auch in der Landwirtschaft selbst kann sich niemand mehr auf bloßes Glück verlassen. In der dörflichen Schulzeit des 1943 geborenen Autors wurden die Bauernsöhne noch beneidet, weil ihnen die Väter das Schulschwänzen nachsahen oder gar ermöglichten, solange sie auf dem Feld mit anpackten. Heute errechnen Computer »per Algorithmus Regenwahrscheinlichkeiten, und Bodensensoren ideale Erntetermine. Drohnen überwachen Felder. Smartphones informieren die Bauern über die ›Vitaldaten‹ ihrer Tiere im Stall. [...] Mehr als jeder zweite Landwirt (53 Prozent) nutzt digitale Lösungen.«[22]

Auch unterhalb der Algorithmen Künstlicher Intelligenz können – etwa im Kamera- oder Telefonbau – nur solche Nationen noch mithalten, deren Menschen über exquisite kognitive Fähigkeiten verfügen. Als Deutschland bei diesen Industrien im letzten Drittel des 20. Jahrhunderts seine Weltführerschaft verliert,[23] ist man nicht gescheit genug, die Gründe dieses Verlusts zu verstehen. Japaner – so hieß es stattdessen lange – seien nicht innovativ genug, um eigenständig solche Produkte zu entwickeln. Aus einer Verbindung von Industriespionage und geringen Löhnen sei es dann ein Leichtes gewesen, die Weltmärkte zu erobern.

Doch Südasien oder Lateinamerika, Afrika oder Nahost werben mit noch geringeren Löhnen. Warum haben diese Territorien vor einem halben Jahrhundert nicht ebenso nach den deutschen Spezialitäten gegriffen? Warum tun sie es auch heute nicht, obwohl ihre Lohnvorteile noch gewachsen sind? Warum nehmen Spanien oder Griechenland ihre Chance nicht wahr, obwohl ihre Löhne weit unter den japanischen liegen?[24] Die 350 Milliarden Euro etwa, die seit 2010 als Geschenk und Vorzugskredite in die Griechenlandrettung fließen,[25] sollen ausdrücklich die Rückkehr der Hellenen auf die Weltmärkte sicherstellen. Ungeachtet der knapp 100 000 Euro Fremdhilfe pro Arbeitskraft[26] fallen die – ohnehin niedrigen – Hightech-Exporte allein zwischen 2016 und 2017 noch einmal um 15 Prozent.[27]

Nur wer kapiert, kann auch kopieren und dabei das Stibitzte gleich so verbessern, dass der Bestohlene so deutlich übertroffen wird, dass er die Aufholjagd nicht mehr bewältigt. Wirklich schlecht steht es um all die Wettbewerber, die bei der Industriespionage nicht mithalten können, weil ihnen die geistigen Fähigkeiten zum Stehlen hochkarätigen geistigen Eigentums nicht zu Gebote stehen.

Im März 1970 bringt *Time Magazine* eine Titelgeschichte mit der Schlagzeile »Toward the Japanese Century«[28]. Osaka veranstaltet die erste Weltausstellung im Land der aufgehenden Sonne. Man registriert, wie der Inselstaat ein Vierteljahrhundert nach den Atombomben auf Hiroshima und Nagasaki seinen Angriff auf die Weltmärkte vorantreibt, aber man versteht ihn nicht.

Unter den 3,7 Milliarden Erdbewohnern von 1970 gibt es nur 104 Millionen Japaner[29]. Gleichwohl sagt Thomas Zengage noch 1989 in »The Japanese Century«[30] voraus, dass die ökonomische Führung des 21. Jahrhunderts in Nippons Hand liegen werde. Noch im selben Jahre 1989, am 29. Dezember, erreicht der Nikkei 225 mit fast 39 000 Punkten seinen welthistorisch höchsten Stand. 1991 ist er auf 23 000 abgestürzt. Die Japan-Besessenheit erlischt.

Die Wissenschaftler sind blamiert. Die zentralistische Industriepolitik durch das MITI-Ministerium, mit der westliche Wissenschaftler das »Wunder« gerne erklärt hatten,[31] verliert ihren Einfluss. Japans Anteil am Weltsozialprodukt fällt von 17,9 (1994 mit 2,3% der Weltbevölkerung) auf 6,6 Prozent (2016 mit 1,7% der Weltbevölkerung).[32] »Verlorene Jahrzehnte«

werden zum negativ besetzten Dauerschlagwort für das Inselreich und alle, die seinem Schicksal nachfolgen könnten.

Groß ist damals die Schadenfreude über den Crash der Tokioter Börse. Die Asiaten erweisen sich als fehlbar, glaubte man. Entsprechend erhofft man sich auch heute insgeheim viel von anstehenden Finanzkrisen in China zugunsten der eigenen Konkurrenzfähigkeit. Die werden kommen und sich auch wiederholen, weil Krisen zur Eigentumsökonomie gehören wie Zins und Geld (siehe unten Kapitel 1 B). Doch bei genauerem Hinschauen liegt Japans Effektivität in der industriellen Produktion – auf die weltweit rund zwei Drittel des Forschungsaufwands entfällt[33] – 2016 immer noch auf dem zweiten Platz hinter Deutschland, das allerdings beim Einfluss seiner Innovationen auf die globale Industrieproduktion um 50 Prozent übertroffen wird.[34] Das verweist darauf, dass die japanische Forschung und Entwicklung disruptiver und damit zukunftsorientierter ist.

Da Krisen alle treffen, ist es aufschlussreicher, sich auf die Potenzen zu konzentrieren, mit denen es nach einer Krise wieder aufwärts gehen kann. Erfindungsgeist, der zuvor da ist, sollte – solange ein demografischer Kollaps ausbleibt – auch anschließend noch zur Verfügung stehen. Dasselbe gilt für Zähigkeit und Fleiß. Wo diese Komponenten zuvor stärker sind als bei der Konkurrenz, werden sie es auch danach sein. Hiroshima und Nagasaki waren schneller wiederaufgebaut als viele flächenbombardierte Städte in Deutschland.

So kann nicht überraschen, dass die besten Kameras auch 2019 immer noch von japanischen Unternehmen entworfen werden, obwohl man sie überwiegend in China bauen lässt. Kein Konkurrent – mit der Ausnahme anderer Ostasiaten – hat sich diesbezüglich Japans langjährige Finanzkrise zunutze machen können.

Auch nach ökonomischen Krisen bleibt die *Cognitive Ability* intakt. Im Gegenzug machen hingegen Zölle auf asiatische Waren die westlichen Hersteller nicht klüger. Dasselbe gilt für das Verbot des Aufkaufens westlicher Firmen durch ostasiatische. Das empfehlen schon damals gegenüber Japan nicht nur Politiker, sondern auch begabte Gelehrte. Gegen China wiederholt sich das etwa mit Jonathan Holslags Werk *The Silkroad Trap. How China's Trade Ambitions Challenge Europe*.[35] Der aktuelle Versuch, Chinas Patente-Weltsieger Huawei von amerikanischen und europäischen Lieferanten abzuschneiden, mag beim Publikum gut ankommen. Westliche Firmen wie Google aber fürchten, heute einen guten Kunden zu verlieren, der morgen die bisher bei ihnen gekauften Produkte in höherer Qualität und zu besseren Preisen der gesamten Menschheit anbieten wird.[36] Sie verstehen, dass harte Bandagen zum Einhalten der Spielregeln Chinas großes Überholmanöver bestenfalls verlangsamen, nicht aber beenden kann.

Aufkaufabsichten mögen Eigentümer und Belegschaften beunruhigen. Wirkliche Probleme aber haben Firmen, die fürs Aufkaufen oder Ausspionieren nicht mehr interessant genug sind. Ihnen fehlt offensichtlich das Talent zum »Gegendiebstahl« oder zum Ausweichen in voranweisende Technologien in anderen Gebieten. Wären sie dazu imstande, würden sie ja das durch Ostasiaten Gestohlene und für den Konkurrenzsieg umgehend Verbesserte ihrerseits stehlen, weiter verbessern und sich damit für eine neue Runde im ökonomischen Rennen attraktiver machen. Wo man das nicht kann, wird die Übernahme durch kognitiv Überlegene keineswegs zu einer Drohung, sondern zur letzten Hoffnung, weil sie Talentpools fürs Überleben eröffnet, die bei nationalistischer Blockade nicht zur Verfügung stünden.

Ein hohes Durchschnittsalter der Übernehmenden ist in sich genauso wenig ein Problem, wie Jugendlichkeit als solche einen Vorteil darstellt. Auch das lässt sich an Japan belegen. Seine Beständigkeit auf dem dritten Rang der Wirtschaftsmächte (nach USA und China) wirkt noch bemerkenswerter, wenn man sich bewusst macht, dass seit 1970 die Weltbevölkerung und damit die pozentielle Konkurrenz um fast vier Milliarden Menschen zugelegt hat. Damals europäische Spitzenindustrien mit nur einem von fünfunddreißig Weltbürgern zu übernehmen, bleibt sensationell genug. Sie heute mit nur einem von siebzig souverän verteidigen zu können, sollte deshalb noch neugieriger auf die Gründe solcher Erfolge machen. Die sich darin ausdrückende Kompetenz aber wird kaum thematisiert.

Dabei stehen die Erfolge bei Kameras oder Tonträgern nicht isoliert. Die drei besten Hybrid-Automodelle der Welt kommen 2019 aus Japan.[37] Konkurrenz hat man vor allem von Korea zu fürchten, nicht jedoch aus Deutschland oder irgendeinem anderen westlichen Land. Sechs japanische Anbieter sind 2016[38] gut für drei Viertel der global installierten Industrieroboter.[39] Das erklärt Japans Vorsprung beim internationalen industriellen Einfluss gegenüber Deutschland, das mit KUKA (Augsburg) 2016 seine einzige Roboterfirma von Rang an einen chinesischen Käufer abtritt. Nicht zuletzt, um so an kompetentes Personal für weiteres Wachstum zu gelangen.

Bei den besonders streng gesiebten Patentanmeldungen nach dem *Patent Cooperation Treaty* (PCT) kommen 2018 fast 50 000 Erfindungen aus Japan, aber nur knapp 20 000 aus Deutschland. Bei zwei Dritteln der japanischen Bevölkerung (82 zu 126 Millionen) hätten die Deutschen für einen Gleichstand aber 33 000 Anmeldungen benötigt.[40] Was die Patentmenge signalisiert, bestätigen auch die Unternehmen. Zu den fünfzig patentstärksten Einzelfirmen des Jahres 2018 gehören sechzehn japanische, aber nur fünf deutsche, die fürs Gleichziehen mit Japan jedoch zwei Drittel davon bzw. zehn bis elf benötigen würden.[41]

Dabei ächzt Japan unter einem höheren Durchschnittsalter als selbst die Bundesrepublik. Beim Altenquotient (Verhältnis der Personenmenge im

Ruhestandsalter zur Personenmenge im Erwerbsalter) liegt Japan 2016 mit 45 Prozent sogar dramatisch vor Deutschland mit 33 Prozent.[42] Warum können die Deutschen mit dem so schnell vergreisenden Inselvolk dennoch nicht mithalten? Warum endet das Volk der Dichter und Denker 2017 unter den bestgebildeten Erwachsenen der Welt nur auf Platz sieben, während Japan die Nummer eins darstellt?[43]

Dabei ist es doch Deutschland, das erstmals in der Geschichte die damalige industrielle Führungsnation, Großbritannien also, in einem hundertjährigen Rennen aus Nachahmungen und innovativen Kühnheiten vom Sockel stößt. In den strategisch zentralen chemischen und metallurgischen Industrien wird von der preußischen Eigentums-Installierung (Stein-Hardenberg 1807–1811) bis 1907 ein Vorsprung von 25 bis 50 Prozent herausgearbeitet.[44] Daten über die kognitive Kompetenz der Deutschen aus jener Zeit liegen nicht vor. Aber für das Jahr 1909 stammen 45 Prozent der in den *Chemical Abstracts* (1907 in den USA gegründet) referierten Studien aus deutschsprachigen Zeitschriften.[45]

Die Deutschen überholen den britischen Rivalen trotz geringerer politischer Freiheit. Doch die Gesetze des Eigentums, das nur durch Innovationen, nicht aber durch Gewalteinsatz gegen Bankrott und Vollstreckung verteidigt werden kann, verinnerlichen sie umgehend. Womöglich liegen sie damals bei der Kompetenz auf der aktuellen Höhe der Schweizer und Liechtensteiner, die als einzige Europäer die Ostasiaten bei den Schulleistungen zwar nicht übertreffen, bei PISA 2015 in Mathematik aber direkt hinter ihnen und vor dem Rest der *übrigen* Welt rangieren.[46] Es sind unterschiedliche Einwanderungspolitiken, die seit den 1960er Jahren die Schere zwischen den Deutschsprachigen in Berlin und Wien hier sowie Bern und Vaduz dort immer weiter öffnen. Entsprechend bleiben auch die Muslime der Schweiz (fünf Prozent der Bevölkerung) so unauffällig wie die übrigen Eidgenossen. Unter allen Religionsgruppen findet man sie sogar am seltensten beim Gottesdienst, dem 46 Prozent gänzlich fernbleiben und nur 12 Prozent einmal pro Woche nachkommen.[47]

Japans Weg nach ganz oben scheitert in den 1990er Jahren nicht an mangelndem Erfindungsgeist. Der imponiert ungebrochen. 2017 startet Hitachi das globale Projekt *Society 5.0:* »Das Durchdringen jeder ökonomischen Branche und jeder öffentlichen Institution und Infrastruktur mit den Innovationen der vierten industriellen Revolution (z. B. Internet of Things, Big Data, Künstliche Intelligenz [KI], Roboter) erzeugt die Gesellschaft der Zukunft, in der permanent nicht nur neue Dienstleistungen, sondern auch neue Werte entstehen. […] Das ist Society 5.0, eine super-smarte Gesellschaft. Japan wird dabei vor der übrigen Welt die Führung übernehmen«.[48]

Das klingt vollmundig. Doch wer diese Zielsetzung als bloße Propaganda abtut, mag etwa nach Kopenhagen schauen. Dort entsteht – über die Daten-Verzahnung von Stadtverwaltung, Verkehrsanlagen und Zulieferindustrie – ein roboterisiertes Metro-System. Es gehört in die höchste Kategorie der *Grade-of-Automation 4/GoA4* [49] Es kommt verständlicherweise nicht aus Dänemark selbst, das mit weniger als sechs Millionen Einwohnern dafür keine ausreichende industrielle Basis aufweist. Es kommt aber auch nicht aus dem direkt benachbarten Deutschland mit einschlägigen Firmen à la Siemens oder Bombardier, sondern – einschließlich der fahrerlosen Triebwagen – von Hitachi, das mit der Universität von Tokio das *Laboratory Society 5.0* betreibt.[50]

Gleichwohl kommen Kopenhagen bzw. Europa mit einer derart integrierten Technologie spät. Bei einem der größten Minenkonzerne der Erde läuft in Australien ein ausgedehntes Schienensystem mit 170 Lokomotiven schon seit Juli 2018 fahrerlos unter *Rio Tinto AutoHaul Train Control*. Doch auch dieses System stammt keineswegs aus einem australischen Laboratorium. Es ist wiederum Hitachi, das Rio Tinto zum Weltführer bei automatisierten Industriebahnen macht.[51] Dabei haben sich die Japaner fürs engere Europageschäft Italiens bestes Fachunternehmen, Ansaldo Energia aus Genua, hinzugekauft.[52] Für die Firma ist das ein Glücksfall, weil ihre Zukunft allein aus italienischem Nachwuchs nicht mehr gesichert werden kann. Mit nur noch 42 mathematisch Begabten unter 1.000 Kindern (322 in Japan), ist man hinter die Türkei (47) zurückgefallen (TIMSS 2015).[53]

Es stimmt schon, dass Japan beim Bau großer Passagierflugzeuge den Europäern und Nordamerikanern nicht gewachsen ist, obwohl die Mitsubishi MR J70 das Blatt wenden könnte.[54] Immerhin aber behauptet man bei zweistrahligen Businessjets mit der »Honda HA 420« momentan die Weltspitze.[55]

Selbst bei einer so trivialen, aber milliardenfach eingesetzten Technologie wie dem Reißverschluss kommen die einzig relevanten Innovationen von Japans YKK und nicht aus dem Ursprungsland USA,[56] obwohl seine Herstellung ganz überwiegend in der chinesischen Sechsmillionen-Stadt Qiaotou erfolgt, die auch als Knopf-Metropole die Körper der Welt erobern konnte.

Auch Gründerpersönlichkeiten fehlen im vergreisenden Japan keineswegs. Sollte man die global imponierendsten Perspektiv-Unternehmer benennen, käme man an Masayoshi Son (*1957) wohl kaum vorbei. Der Japaner koreanischer Abstammung hat mit seinen Gewinnen aus der chinesischen Firma »Alibaba« das Unternehmen »SoftBank« aufgebaut, die u. a. mit ARM aus dem englischen Cambridge die wichtigste Firma für Chipdesign seit 2016 im Portefeuille hat. Mit Tadashi Yanai steht hinter *Fast Retailing* mit *Uniqlo*, der größten Bekleidungsfirma Asiens und der aktuellen Nummer drei weltweit, ebenfalls ein Japaner.

Es ist vor allem Japans geringer Anteil von nur noch 1,6 Prozent an der Weltbevölkerung (2019), der es daran hindert, dem 21. Jahrhundert seinen Stempel noch stärker aufzudrücken als mit Robotern und automatischen Untergrundbahnen. Dieser demografische Befund bleibt in den Prognosen der 1980er Jahre unterbelichtet. Auch deshalb wird momentan nicht zureichend erfasst, was ein demografisch elfmal stärkeres Japan – ein China also – einmal erreichen könnte. Auch für dieses Land werden ja ununterbrochen Parallelen zum vermeintlichen japanischen Scheitern gezogen (mehr dazu Kapitel II C unten).

Die Gründe für den Erfindergeist, der das alternde Japan in der technologischen Weltspitze hält, werden von den Analytikern bis heute übergangen. Man hat im 20. Jh. die Demografie des Landes überschätzt, seine kognitiven Stärken dafür unterschätzt. Und doch gibt es einen kleinen, aber folgenreichen Befund mitten aus der Zeit einstiger Japan-Besessenheit. Am 20. Mai 1982 erscheint in *Nature*, der angesehensten naturwissenschaftlichen Zeitschrift, ein Aufsatz von Richard Lynn mit dem Titel: »IQ in Japan and the United States shows a growing disparity«.[57] Ein Dreivierteljahrhundert nach Tsushima erfährt die Welt, dass Japaner einen Durchschnitts-IQ von rund 105 aufweisen, Briten (und ihre Übersee-Verwandten) sich aber weiterhin mit ihrem Greenwich-IQ von 100 begnügen müssen. Eine aufregende Erkenntnis und kühne Forschertat wird da mitgeteilt. Heiner Rindermann bestätigt 2018 diesen Befund mit einer japanischen *Cognitive Ability* (ein breiteres und neutraleres Maß als der IQ) von CA104.[58] Die 2018er-Ergebnisse der inneramerikanischen Tests für den Zugang zur Universität (SAT) haben im Fach Mathematik »Asians« mit 635 Punkten vor »Whites« mit 557 und »Hispanics« (die am schnellsten wachsende Bevölkerungsgruppe) mit 489 Punkten.[59]

Pierre Bourdieu, Star-Soziologe aus Frankreich, hatte noch 1978 die gesamte Intelligenzforschung als rassistisch verdammt, weil die »herrschende Klasse« das IQ-Konzept lediglich für die Rechtfertigung ihrer Privilegien benutze.[60] Vier Jahre später bescheinigt Lynn, also ein Mitglied des bis ins 20. Jahrhundert global dominanten britischen Empire, den in der Tat rassistisch als *Gooks* oder *Yellows* diskriminierten Ostasiaten kognitive Überlegenheit. Und doch hört die westliche Überheblichkeit nicht auf. Denn nur aufgrund tiefsitzender Geringschätzung kann man anschließend vom Aufstieg der Koreaner und Chinesen überrascht werden.

Richard Lynn erteilt den weißen Rassisten eine kostbare, wenn auch kaum gehörte Lehre: Nationen, die im Rennen bleiben wollen, sind nicht nur moralisch im Unrecht, sondern begehen zugleich eine Torheit, wenn sie Hochqualifizierte aufgrund von Pigmentierung, Augenstellung oder Nasenform außer Landes jagen, ermorden oder an der Grenze zurückweisen. Niemals zuvor war die Nachfrage nach Talenten größer als heute und sie wird morgen noch weit höher liegen, was die bereits für 2020 fehlenden 40 Millionen Hochqualifizierten unmissverständlich deutlich machen.[61] Wer in diesem Umfeld Leistungssenker bevorzugt, weil an ihnen »Haarstruktur und Götterwelt« bevorzugt werden, stiftet Schaden, weil seine Helferkapazitäten schwinden, während die Hilfsbedürftigen im eigenen Land ihren Bevölkerungsanteil erhöhen.

Zumutungen an Migranten, vor Grenzübertritt erst einmal das religiöse Bekenntnis oder gar ihr Äußeres zu modifizieren, landen mit Lynn im historischen Abseits. Wer sich durch die Examina gebüffelt hat, überwindet Grenzen. Das Paradebeispiel liefert Singapur. Mit aktuell nur 0,83 Kindern[62] pro Frauenleben wäre der Stadtstaat ohne Einwanderung zum Aussterben verurteilt. Realiter aber steigt die Bevölkerung zwischen 1968 und 2019 von gut 2 auf knapp 6 Millionen.[63] 44 Prozent der Einwohner sind Einwanderer oder ausländische Beschäftigte. Ihre Kompetenz von CA106 ist für Migranten die höchste weltweit. Selbst die Einheimischen Singapurs schaffen nur CA105, was für sie allerdings ebenfalls die Weltspitze markiert.

Natürlich werden Bewerber auch abgelehnt. Das geschieht aber nicht, weil sie »braun«, »schwarz« oder »weiß« sind, sondern weil sie nicht zum Qualifikationsprofil passen. Gegen Rassismusvorwürfe verteidigt man sich deshalb vehement. Einen ausgeprägten Kompetenzismus, der für eine zu drei Vierteln aus Chinesen bestehende Bevölkerung sorgt[64], kann man dennoch nicht in Abrede stellen. Gleichwohl, ein Viertel der Bevölkerung ist nicht chinesisch. Das entspricht in etwa dem Bevölkerungsanteil von knapp 24 Prozent in der Bundesrepublik, der nicht in Deutschland geboren ist.[65]

Bekanntlich verfolgt Berlin – wie zuvor bereits Bonn und durchgehend etwa auch Paris – eine ganz andere Einwanderungspolitik. Man denkt nicht an die Zukunft der tendenziell »ewigen« Nation, sondern an aktuell verwendbare Arbeitskräfte für ausgesuchte, aber keineswegs unsterbliche Firmen. Die Unternehmen werden nach Ausreizung ihrer Profitabilität abgewickelt, müssen aber nicht für die zurückbleibenden Arbeitskräfte und ihre menschenwürdige Versorgung aufkommen. Deren Kosten belasten die gesamte Nation. Der aber fallen die Zahlungen zunehmend schwerer. Denn sie hat beispielsweise bei den Altdeutschen ja keinen Singapur-CA von 105, sondern von 100 und bei den Migranten nicht 106, sondern lediglich 92.[66]

Nun ist nicht leicht zu beweisen, dass die immer stärkere Öffnung der Kompetenzschere zwischen Ostasien und der europäiden Welt auch die unterschiedliche Entwicklungsdynamik bestimmt. Doch zwischen 1980 und 2019 springt Singapurs Pro-Kopf-Einkommen von seinerzeit ärmlichen 5000 auf 63 000 US-Dollar,[67] in Deutschland aber geht es lediglich von damals sehr passablen 11 000 auf 50 000[68] und beim Berliner Zukunftspartner Frankreich (CA 98/92[69]) sogar von seinerzeit üppigen 13 000 auf nur 43 000.[70] Natürlich ist der Vergleich mit einer Stadt wie Singapur, die zugleich Bankenzentrum ist, mit Flächenstaaten nur begrenzt aussagefähig. Doch 1980 liegt diese Stadt noch tief auch unter den nicht-urbanen Regionen des EU-Führungsduos, während sie heute weit über ihnen rangiert.

Dass die Qualifikation der Bürger den wichtigsten Rohstoff der meisten Nationen bildet, ist eine Binsenweisheit und gern deklamierte Politparole. Aber wohl niemand hat besser verstanden als Lee Kuan Yew (1923–2015), Singapurs hoch kontroverser Langzeit-Premier (1959–1990), dass dann auch die Steigerung der nationalen Kompetenz das höchste Staatsziel sein muss. »Seine Vision, schrieb Henry Kissinger, »zielte auf einen Staat, der nicht einfach überleben, sondern sich durch Exzellenz durchsetzen würde. Überlegene Intelligenz, Disziplin und Einfallsreichtum würden Ressourcen ersetzen.«[71] Mir ist kein deutscher oder europäischer Politiker bekannt, der bereit gewesen wäre, sich mit solchen Prioritäten Ärger einzuhandeln. Steigerung des Sozialprodukts mag noch angehen, seine kognitiven Voraussetzungen aber bleiben tabu.

Da spielt die Angst vor der Beschäftigung mit Intelligenz ein Rolle. Ein kanadischer Einwanderungspolitiker hat mich in meinen 1980er Toronto-Jahren damit gefrotzelt, dass die Deutschen dauernd Grundsatzdebatten darüber anzetteln, ob Intelligenz angeboren oder erworben sei. Wer dann das Ungefällige vertrete, werde sozial vernichtet, auch wenn er ein gescheiter Mensch sei. Wer das allgemein Geglaubte von sich gebe, werde Minister, auch wenn er meschugge sei. Ihm hingegen sei die Frage völlig gleichgültig, solange Intelligenz mitbringe, wer über Kanadas Grenze wolle. Niemand müsse dabei Dokumente mit lückenlosen Nachweisen vorlegen, dass seine Intelligenz von staatlichen Kindergärtnerinnen, keinesfalls aber von den Eltern stamme. Man nehme jeden, der oder die aus welchen Gründen auch immer gescheit sei. Man wisse schließlich aus Erfahrung, dass Könner und Kluge ihre Kompetenz im Normalfall weiterreichen, und es sei einem schnurz, wie sie das bewerkstelligen.

Das ist angelsächsischer Pragmatismus. Deutschland aber hat eine genozidale Diktatur hinter sich, in der »Intellektualismus« und »theoretische Intelligenz« als jüdisch verfolgt und ausgelöscht wurden. Man musste damals mit Dokumenten nachweisen, solche Qualitäten nicht im Ahnenverzeichnis zu haben. Germanen sollten zäh wie Leder oder hart wie Kruppstahl agieren und sich ansonsten auf eine »praktische Intelligenz«[72] beschränken. Entsprechend zäh verläuft nach wie vor die Befreiung von dieser intellektuellen Zwangsjacke – in einer bizarren, wiewohl ungewollten Treue zu jener furchtbaren Tradition – nicht nur in Deutschland, sondern in großen Teilen der europäiden Welt.

Das zusammen mit Deutschland 1945 niedergeworfene Japan denkt anders. Obwohl es demografisch schrumpft, werden 2017 nur 20 (zwanzig!) Asylanten akzeptiert.[73] Man will nur Leute aufnehmen, die das eigene Leistungsniveau nicht absenken. Gerade die jedoch werden überall knapper. Kleinstaaten wie die Schweiz oder Singapur mögen den Immigrationsweg gehen. Aber für eine 125-Millionen-Nation wird das schwierig. Man weiß aber sehr gut, dass unqualifizierte Jugendliche aus der Dritten Welt die in Rente gehenden eigenen Könner nicht zu ersetzen vermögen.

Ich bin von japanischen Zeitungen und Wirtschaftsmagazinen befragt worden, ob Deutschland mit dem massiven Einlassen eben solcher Neubürger eine neue »Wunderwaffe« ausbrüte, mit der es die ökonomische Konkurrenz in die Knie zwingen wolle. Man hatte tatsächlich zunächst ein hinterhältiges Manöver vermutet und sich erst durch Nachweise über Deutschlands irreversibles Bildungsfiasko beruhigen lassen (s. Kapitel IV). Dass 2018 zu den 1000 Umsatz-Topfirmen weltweit 146 japanische, aber nur 44 deutsche – etwa gleich viel wie in Südkorea, Frankreich oder Großbritannien –gehören,[74] brauchte sie dann nicht mehr überraschen.

Weil Europäer ihre kognitive Kompetenz verringern, während Japan die ihrige verteidigt, wird sein Vorsprung automatisch größer. Das erleichtert und verstetigt die Weltführerschaft bei Robotern nebst zugehöriger Künstlicher Intelligenz. Unter den 20 Privatfirmen mit den meisten AI-Patenten kommen 2018 eine aus Korea, je zwei aus Deutschland und China, drei aus den USA, aber zwölf aus Japan.[75] Sich ganz auf die eigenen klugen Köpfe zu verlassen, erweist sich als ungemein smarter Schachzug. Hingegen verringern die meisten westlichen Konkurrenten die für diese Zukunftsbranche unverzichtbare Kompetenz und werden deshalb wohl niemals wieder eine ernsthafte Konkurrenz (ausführlich dazu Kapitel III).

Der eigene Kognitionsverlust wird im Westen bis heute kaum zum Thema. So beschreibt eine Untersuchung von »BNP Parisbas« aus dem Frühjahr 2019 eine »Japanisation« der EU ausdrücklich als Schreckgespenst.[76] Man nimmt die vergangenen dreißig Jahre Japans (1989–2019) als Folie für die eigene Zukunft, betrachtet aber nur finanzielle und quantitativ-demografische Faktoren. Warum die EU heute schon technologisch hinter dem Inselstaat rangiert, wird nicht einmal gefragt. Kognitive Differenzen bleiben vollkommen ausgeblendet. Man ahnt nichts von der speziellen Überlegenheit derer, mit denen man sich ganz unbekümmert vergleicht.

Bei der eigenen Zukunftsorientierung operiert Tokio ähnlich wie Singapur. Der Stadtstaat wirbt Chinesen an. Japan tut das auch und beherbergt mit einer Dreiviertelmillion mehr als dreimal so viele Chinesen wie Deutschland.[77] Zentral aber zielt man auf die Stärkung Ostasiens als geopolitischen Raum. Man hat sehr genau registriert, dass man 2017 bei PCT-Patenten den bis dahin globalen zweiten Rang (nach den USA) mit der Differenz von rund 700 Patenten an China verloren hat.[78] 2018 weitet sich der Rückstand auf schon 3700 Patente.[79] Noch im Oktober 2018 unterschreibt Premierminister Shinzo Abe in Peking rund fünfzig Verträge zu wirtschaftlichen Kooperationen.[80] Toyota als modernste Autoschmiede der Welt ergänzt bei Batterien die Partnerschaft mit der heimischen Panasonic (Weltführer bis 2017 und Versorger von Tesla) mit der neuen Nummer eins CATL aus China.[81] Man ist kompetent genug, um sich – bei 6,6 Prozent des Weltprodukts[82] – mit der elfmal stärkeren, im Durchschnittsalter zehn Jahre jüngeren und bei der Kompetenz ähnlich hohen Gruppe ökonomisch zu verflechten. Unterhalb der Kulisse von Anschuldigungen, halbgaren Entschuldigungen und sonstigem Theaterdonner wird – superb dargestellt in Ezra Vogels *China and Japan*[83] – immer effektiver kooperiert. Gemeinsam kann das japanisch-chinesische Duo für das 21. Jahrhundert erfolgreich in Angriff nehmen, was Japan allein im 20. Jahrhundert misslingen musste.

Bei der gegenseitigen investiven Verflechtung bilden China und Japan heute schon die größte finanzielle Partnerschaft der Menschheit. Es kann ihrem Fortkommen nur nützen, dass im Westen unverstanden bleibt, wie sehr Japans Alleinaufstieg an mangelnder Menschenzahl, nicht aber an mangelnder Kompetenz gescheitert ist. »Keine Angst vor Chinas Stärke« posaunt im Frühjahr 2019 eine führende deutsche Tageszeitung.[84] Es werde dem Giganten nicht besser ergehen als Japan, das doch auch zu Unrecht gefürchtet worden sei. Dabei wird wiederum nicht gefragt, was denn in Japan der Faktor dafür war, für den man es überhaupt als Bedrohung empfinden konnte. Zu China unterbleibt solches Fragen ebenfalls. Dasselbe gilt für zwei kleinere Mitglieder – Korea und Taiwan – der ostasiatischen High-Tech-Allianz. Was haben sie gemeinsam mit Japan und China?

II B: Kolonisiert, zwangsprostituiert, zerstört und massakriert:

Warum steht Südkorea nicht ganz unten?

Während sich das imperialistische Russland 1903 an Korea die Zähne ausbeißt, meistert Japan 1910 die Kolonisierung der Halbinsel. Umgehend unternimmt Tokio die Registrierung von Immobilien und Grundstücken, die für die Besicherung einer Währung sowie als Pfandunterlegung für Kredite beim Aufbau einer Geldwirtschaft unverzichtbar sind:

> »*Eine vollständige Landvermessung [...] soll Gerechtigkeit und Gleichheit vor dem Gesetz bei der Erhebung der Grundsteuer gewährleisten und den Kataster jeder Region so genau bestimmen, dass Eigentumsrechte geschützt und Kontrakte über Verkauf, Kauf sowie andere Übertragungen komplikationsfrei werden.*«[85]

Das stark vom 1887er Erstentwurf des deutschen Bürgerlichen Gesetzbuchs (BGB) geprägte japanische Recht wird damit auch für Korea verbindlich. Die auf seiner Basis erfolgende industrielle Entwicklung übersteht in großen Teilen zwar den Zweiten Weltkrieg, fällt dann aber dem Koreakrieg zum Opfer (1950–53). General Curtis Lemay (1906–1990) erklärt später, dass man »fast alle Städte in Nord- und Südkorea«[86] durch Brand- und Flächenbombardements ausgelöscht habe. Töten im Zweiten Weltkrieg 1,4 Millionen Tonnen Bomben über 500 000 Deutsche[87], während 500 000 Tonnen auf Japan 800 000 Menschen umbringen, so verliert Korea durch 635 000 Tonnen zwischen 1950 und 1953 eine Million Einwohner.[88] Zugleich werden fast alle Fabriken in Schutt und Asche gelegt.

US-Gelder verhindern nach dem Waffenstillstand das Verhungern. Das Produktionsniveau von 1950 wird erst 1956 wieder erreicht, als das Pro-Kopf Einkommen auf der Höhe von Haiti und noch unter etlichen europäischen Subsahara-Kolonien liegt. 1957 endlich kann der *Fiscal and Monetary Stabilization Plan* des *Korea-US Joint Economic Committee* die 1910 von Japan gelegten Wurzeln reanimieren. Ein Netz von Privatbanken versorgt die Unternehmen und zentral erhobene Steuern dienen dem Aufbau eines staatlichen Bildungssystems.

Noch im selben Jahr 1957 zieht Südkorea beim Pro-Kopf-Einkommen mit Ghana gleich. Die britische Kolonie erringt damals ihre Unabhängigkeit, hat ein passabel ausgebautes Rechtssystem und ist gänzlich unzerstört. Es soll zum Musterland für westliche Entwicklungshilfe werden. Doch irgendein Faktor verhindert den allgemein erwarteten Aufstieg; denn 2018 steht es beim Pro-Kopf-Einkommen nicht mehr 1:1, sondern 18:1 für Südkorea, das zwischendurch auch Länder wie Spanien oder Saudi-Arabien überrundet.[89]

Zwischen 1990 und 2010 stößt Südkorea beim Bruttosozialprodukt vom 17. auf den 11. Rang vor. Dort steht es – vor Russland – auch 2019, obwohl es demografisch nur mit Mühe den 28. Platz halten kann.[90] Der demografischen Schwäche wird mit dem global ersten Platz beim Einsatz von Robotern auf 100 000 Arbeitskräfte begegnet. Dabei liegt man – aufgrund der hoch automatisierten Automobilindustrie – sogar haushoch vor Singapur.[91] Dazu passt, dass unter den 20 Universitäten mit den meisten PCT-Patenten 2018 jeweils vier in Japan und China beheimatet sind, neun in den USA, aber die übrigen drei in Südkorea.[92]

Die Literatur über das Auseinanderdriften des 1957er Ökonomiezwillings Ghana/Südkorea ist kaum noch überschaubar. Bis heute gilt als schwer verständlich, warum – das durchaus wachsende – Ghana so viel langsamer reich wird als Süd-Korea. In der Forschung werden Differenzen beim kolonialen Erbe erwogen, obwohl das afrikanische Land nicht durch Zwangsprostitution und Flächenbombardement geschunden wurde. Bisher spielt bei den Analysen das Phänomen der Bildung in beiden Ländern keine Rolle, wobei Ghana in den 1950er Jahren immerhin eine intakte Schul-Infrastruktur ausspielen kann.[93] Einen ersten Hinweis gibt dann die TIMSS-Schüler-Olympiade von 2011. Südkorea wird bei den Achtklässlern mit 613 Punkten – vor Singapur mit 611 und Taiwan mit 609 – mathematischer Weltsieger. Ghana ist erstmals dabei und platziert sich mit 331 Punkten hinter Marokko (371) und Oman (366).[94]

Wer Schülerleistungen für nachrangig hält, weil sie sich nicht umgehend in ökonomisch Verwertbares umsetzen lassen, wird eher auf internationale PCT-Patente schauen. Im Jahre 2018 liefern fünfzig Millionen Südkoreaner davon über 17 000, dreißig Millionen Ghanaer hingegen null.[95] Bei Patenten pro eine Million Einwohner hält Südkorea seit 2012 weltweit unangefochten den ersten Platz. Umgerechnet auf 100 Milliarden Kaufkraft-Dollar (PPP) nehmen (bei den Heimatpatentämtern) Südkoreaner vor Chinesen, Japanern und Deutschen ebenfalls den ersten Platz ein.[96]

Cognitive Ability, die hinter Schülerleistungen und Patenten gleichermaßen steht, ist gleichwohl keine ewig festliegende Größe. Und dazu liefert die Forschung Vielversprechendes; denn ein besonders hoher Zuwachs wird beispielsweise gerade Ghana zugetraut. Es könnte demgemäß seinen aktuellen 40-Punkte-Rückstand gegenüber Südkorea bis auf zehn Punkte verringern. Niemand kann nämlich ein Gen benennen oder unter dem Mikroskop zeigen, das geistige Fähigkeiten vorab fixiert. Ebenfalls optimistisch stimmt, dass gezielte kognitive Trainingsprogramme in der Art von Karl Klauer (*1929)[97] nicht nur messbare, sondern auch dauerhafte Erfolge zeitigen.[98]

Da die optimistische Ghana-Prognose jedoch erst für das Jahr 2100 gestellt wird, gibt es für ein umgehendes Aufholen kaum Anhaltspunkte.[99] Niemand kennt die im Jahr 2100 erhobenen Werte. Die Letzten können durchaus aufholen und die Ersten dürfen sich niemals ausruhen. Ermutigend ist schon heute, dass Afrikas einstige Kolonien in einer anderen Ex-Kolonie, Südkorea eben, ein glänzenderes Vorbild finden als in den Ländern der ehemaligen Herren.

Im Februar 2019 bringt Südkoreas Samsung mit »Galaxy Fold« das erste faltbare Smartphone auf den Markt. Zwar kommt es in der Testphase zu Havarien, aber in der westlichen Welt hat niemand Vergleichbares auch nur angekündigt. Hingegen zeigt wenige Tage später die chinesische Firma Huawei mit »Mate X« ein noch raffinierteres Gerät, dem der ebenfalls chinesische Konkurrent »Oppo« nur Momente später folgt.[100] Wie auch bei Batterien, Flachbildschirmen, Computern, Tonträgern, Kameras, Schiffen etc. machen Ostasiaten die Weltkonkurrenz unter sich aus. Unter den zwanzig patentstärksten Einzelfirmen der Welt (PCT), ist Südkorea 2018 immerhin dreimal vertreten.[101]

In den USA, wo deutsche Oberklasse-Autos immer noch höchste Reputation genießen, präsentiert Südkoreas KIA weltweit die erste Limousine, die den Fahrer beim Abbiegen mit elektronischen Spiegeln vor Heranrasenden warnt. K 900 heißt das Gefährt. Schon der Vergleich mit dem Sechser-BMW hätte vor Kurzem als Blasphemie gegolten. Aber im Frühjahr 2019 schreibt »US News and World Report«:

> »*Der BMW 6er ist ein guter Luxuswagen mit etlichen starken Motoroptionen, einer flüsterleisen Kabine und viel Laderaum im Gran Coupé-Stil. Anstatt jedoch dem Ruf von BMW als Athlet gerecht zu werden, setzt der 6er auf eine gedrosselte Fahrweise. Der Kia dagegen hat ein schöneres Interieur und mehr Standardfunktionen, einschließlich Apple CarPlay und Android Auto (Letzteres ist im BMW nicht zu haben) sowie einen größeren Touchscreen. Die Kia K900 Luxuslimousine hat auch eine niedrigere UVP und erspart Ihnen rund 10 400 Dollar gegenüber dem BMW. Go with the KIA.*«[102]

Bisher haben die deutschen Edelmarken lediglich die Batterien für ihre Elektroautos von Südkoreanern bezogen, wo »LG Chem« und »Samsung SDI« die Plätze vier und fünf[103] auf der Weltrangliste der Batteriehersteller einnehmen und deutsche Konkurrenz nicht zu fürchten haben – es sei denn, sie stammt aus China, dessen Weltführer »CATL« in Erfurt an die Arbeit gehen wird.

Wie Ende der 1960er Jahre der Absturz der deutschen Kameraindustrie unvorstellbar war, dann aber schnell und umfassend durch einen einzigen Gegner, Japan, herbeigeführt wurde, so gilt momentan die Automobilproduktion als Augapfel der hiesigen Industrie. Da sie im Visier von sehr viel mehr Konkurrenten steht, würde ihr Ableben zwar weniger überraschen, aber ungleich einschneidender wirken. 2019 nehmen auf der lange Zeit größten Fachmesse der Welt (IAA Frankfurt) bereits 22 namhafte Marken nicht mehr teil.[104] Die CEBIT-Hannover war als die weltweit größte Elektronikmesse lange ein Besuchermagnet. Im Gefolge des Niedergangs der heimischen Hightech wurde sie 2018 eingestellt.[105] Markanter lässt sich Deutschlands Abstieg kaum illustrieren.

Wendet man den Blick von Südkorea nach Taiwan, so wechselt man in den chinesischen Sprachraum. Die Entwicklung der demografisch nur halb so starken Republik – 24 Millionen Einwohner bzw. Rang 56 weltweit[106] – verläuft aber bemerkenswert ähnlich. 1895 fällt die Insel an Japan. 1896 wird das deutsch geprägte japanische Recht auch für Taiwan gültig. 1946 flieht die Kuomintang-Regierung Chinas vor den Kommunisten Maos nach Taiwan und ersetzt das japanische Recht durch die – zwischen 1928 und 1936 kodifizierten – bürgerlichen Gesetze Chinas. Sie gehen allerdings auf Entwürfe aus der 1912 endenden Qing-Dynastie zurück, die unter Beratung japanischer Spezialisten erstellt wurden und insofern ebenfalls von Deutschlands BGB beeinflusst waren.

Zwischen 2013 und 2018 steigt Taiwan in der Rangliste der Wirtschaftsnationen vom 27. auf den 21. Platz.[107] Doch die Qualität der Taiwanesen wird erst durch den Blick auf ihren Hightech-Sektor verständlich. So überholt bei der Herstellung von Halbleitern die »Taiwan Semiconductor Manufacturing Company« (TSMC) im Jahre 2018 den US-Giganten Intel aus Texas.[108] Neben den beiden kann nur noch Samsung die heute geforderten Microchips bauen. Der einstige Monopolist Intel hat also gegen Taiwan-Chinesen seine Dominanz verloren.

Die erst 1974 gestartete taiwanesische Firma Hon Hai Precision (Foxconn) bildet das größte Elektronik-Konglomerat der Menschheit. Ohne die taiwanesischen Firmen – dazu gehören auch »Largon«, »Pegatron« und »Quanta« – bräche die globale Hightech-Produktion zusammen. Da eine Million Taiwanesen – zehn Prozent der Erwerbsbevölkerung – in China investieren oder Firmen leiten,[109] bilden sie das technologische Gelenk zwischen Ostasien und Nordamerika. All das kann – bei einem einstmals mit Ananas-Konserven assoziierten Land – nur so lange wie ein Wunder bestaunt werden, wie man den Anteil des Nachwuchses unter den Mathekönnern (»advanced« in TIMSS 2015) ausblendet. Er liegt in Taiwan bei 35,3 Prozent eines Schülerjahrgangs gegenüber 5,3 Prozent in Deutschland und 2,5 Prozent in Frankreich (siehe die Tabellen am Ende von Kapitel III).

Bei gleich hoher *Cognitive Ability*, das ist die Botschaft des fulminanten Aufstiegs von Korea oder Taiwan, schlagen eigentumsbasierte Gesellschaften ihre auf bloßen Besitz beschränkten Gegenstücke. Für jedermann sichtbar wird das in China, Deutschland und Korea, wo Taiwan, die Bundesrepublik und der Südteil der Halbinsel ihren Gegenstücken Volksrepublik China (bis zur Deng-Reform von 1979), DDR (bis 1990) und Nordkorea (bis heute) ökonomisch um ein Vielfaches überlegen sind. Bei gleicher Rechtsstruktur wiederum schlagen Räume mit höherer *Cognitive Ability* darunter rangierende. Wenn ein 1953 materiell nahezu ausgelöschtes Nordkorea heute Nuklearwaffen und Interkontinentalraketen bauen kann, das kommunistische Bruderland Kuba aber Vergleichbares nicht zustande bringt, so müssen auch dafür Kompetenzunterschiede in Rechnung gestellt werden.

Mit Kuba und Nordkorea sind zugleich die letzten Gebiete benannt, die durch eine Reform hin zu Eigentumsrechten ökonomisch noch einen Sprung nach vorne machen können. Dann ist dieses erstrangige Mittel der Entwicklungspolitik ausgereizt, obwohl es in vielen Nationen an der faktischen Umsetzung der in den Gesetzbüchern längst fixierten Normen allerdings noch entschieden hapert. Wirtschaften erst einmal alle Nationen mit Eigentum – für die Besicherung von Geld und als Pfand für die Absicherung des Kredits –, unterscheiden sie sich vorrangig in der Kompetenz. Die Innovationen der Zukunft werden kaum mehr von Begabten, sondern fast nur noch von Hochbegabten kommen. Die aber lassen sich nicht durch rechtliche oder pädagogische Reformen gewinnen. Entweder man hat sie und hält sie auch oder man gewinnt sie im globalen Wettkampf um die Klugen. Wer dabei scheitert, ist verloren.

Wie Japan leben auch Südkorea (Patz 194 bei Kindern pro Frauenleben) und Taiwan (200. bzw. letzter Platz weltweit) mit dem Handicap unzureichender Geburtenraten. Deutschland erreicht 2018 immerhin

Rang 181, während die Schweiz sogar die 174 besetzt.[110] Nach den populären Prognosen für China hätten Südkorea und Taiwan also niemals reich werden dürfen, weil sie schon jetzt beim Durchschnittsalter von 41 bzw. 40 Jahren fast ein halbes Jahrzehnt mehr auf den Schultern haben als der Gigant im Norden. Schauen wir nun, wie gut sein unisono prophezeites Armbleiben durch Vergreisen tatsächlich belegt ist.

II C: Vergreist China, bevor es reich wird?

Zwischen 2008 und 2018 baut China von den 25 *höchsten* Gebäuden der Welt dreizehn. Das älteste der 25 stammt von 1974 und steht in den USA (Sears Tower/Chicago). Unter den 50 höchsten sind es 26. Das älteste unter den zusätzlichen 25 steht wiederum in den USA (Empire State/New York, 1931).[111]

Zwischen 2003 und 2018 baut China von den 25 *längsten* Brücken der Welt fünfzehn. Die älteste wird schon 1956 errichtet und steht in den USA. Von den längsten 50 sind 29 chinesisch. Die älteste unter den zusätzlichen 25 feiert 1931 ebenfalls in den USA Richtfest.[112]

Zwischen 2001 und 2018 baut China von den 25 *höchsten* Brücken der Welt 21. Die älteste – von 1929 – steht in den USA. Von den 50 höchsten sind 42 chinesisch. Die älteste unter den zusätzlichen 25 wird 1973 in Italien fertig.[113]

Von den Bahnnetzen für Hochgeschwindigkeits-Züge, die 1959 in Japan initiiert und dort 1964 erstmals befahren werden, liegen 54 Prozent bzw. 29 000 km in China, wo man jedoch erst 1997 mit dem Bau beginnt. Subsahara-Afrika, Lateinamerika/Karibik, Südasien (mit Indien) und Südostasien (mit Indonesien) sind bisher nicht dabei. Nur 900 km sind für die bald fünf Milliarden Menschen dieser Gebiete im Bau gegenüber weiteren 8000 km in China.[114]

China baut den ersten nutzbaren Maglev-Levitations-Zug (Schanghai 2002). Die schnellsten Normallokomotiven mit 487 km/h Spitze kommen von der Staatsfirma CRRC[115]. Das Land hat mit der Privatfirma *Donfeng*[116] die global größte LKW-Fabrikation, während »Build Your Dream« (BYD), ebenfalls privat, über 90 Prozent aller umweltfreundlichen Elektrobusse für Innenstädte und Flughäfen liefert.[117] Wer nach disruptiven Industrien sucht, findet mit BYD einen Hersteller von Klein- und Kleinstbatterien, der drumherum Busse baut und so Giganten wie Mercedes oder MAN in die Knie zwingt, deren Fahrzeuge nur deshalb eines Tages mit dem Verpesten der Luft aufhören können, weil Ostasiaten ihnen die nötigen Batterien liefern.

Den 234 Zivilflughäfen Chinas von 2018 – davon 65 international – sollen bis 2035 weitere 216, also ein gutes Dutzend pro Jahr, folgen.[118] Im Unterschied dazu hat der seit 2006 gebaute Berliner Hauptstadtflughafen (BER) bis 2018 ein Dutzend Verschiebungen für seinen Eröffnungstermin hinter sich,[119] wobei der nächst geplante Termin – für 2020 avisiert – keineswegs als sicher gilt.

Zwischen 2013 und 2018 steigert China seinen globalen Anteil an Unicorns – jungen Firmen mit mindestens einer Milliarde US-Dollar Börsenpreis – von 0 auf knapp 42 Prozent. Mit 149 solcher Firmen übernimmt es den ersten Platz vor dem langjährigen Champion USA, der mit 146 Einheiten allerdings immer noch imponieren kann.[120]

Zur Künstlichen Intelligenz kommen 43 Prozent der Veröffentlichungen (mit 56 Prozent aller Zitierungen) schon 2017 von Chinesen.[121] Unter den fünf besten FinTech-Firmen von 2018 arbeiten drei in China.[122] Der Menschheit größter Money Market Fund *Yu'e Bao* (Sparschatz) betritt als Kreation von Alipay erst 2013 die Bühne. Eine Wischbewegung auf dem Smartphone schiebt gerade nicht benötigte Minibeträge in ein zinstragendes Fenster. Nie war Investieren näher beim kleinen Mann als in Volkschina, wo bald 600 Millionen Anleger mitmachen. Gerade der Verzicht auf Exklusivität führt ganz nach oben. Gleichwohl werden Konkurrenten im eigenen Land gefürchtet, die beim Kapitalismus für alle noch klüger vorgehen.[123]

Während Amazon mit der Ankündigung von Paketdrohnen Aufmerksamkeit erringt, baut der Pekinger Konkurrent JD zwischen 2016 und 2020 allein in der Provinz Sechuan 150 himmlische Postämter.[124] Dazu passt, dass von den rund 100 chinesischen Drohnen-Herstellern JD allein rund 70 Prozent des Weltmarktes für zivile Modelle beherrscht.[125]

Im Januar 2016 lässt eine Firma aus der 13-Millionen-Stadt Guangzhou in Las Vegas die »EHANG 184« aufsteigen. Es ist die erste Passagier-Drohne der Geschichte. Erst drei Jahre später zieht Boeing mit einem vergleichbaren Vehikel nach.[126] Da hat die »EHANG 184« bereits über 1000 Testflüge hinter und zusätzlich den Zweisitzer »EHANG 216« neben sich. Man mag Chinas Lufttaxis als Spielerei abtun. Immerhin aber will Dubai sie alsbald kommerziell einsetzen. Doch wer so spielen kann, wird vieles können. Das wird von Daimler Benz immerhin erahnt, weshalb die Firma die Herstellung eines sogenannten Volocopters alimentiert.[127]

China ist Pionier bei der Automatisierung von Restaurantküchen[128] und Kaffeehäusern.[129] Seine Firmen stehen durchgehend von 2013 bis 2019 an erster Stelle bei der mengenmäßigen Installierung von Robotern (43 %), können bei ihrer Herstellung die Japaner allerdings noch nicht verdrängen.[130] Beim Robotereinsatz auf 10 000 Arbeiter liegt es mit dem 23. Platz sogar nur auf der Höhe Großbritanniens.[131] Immerhin wird schon 2017 ein Drittel der Roboter-Weltproduktion – auch durch japanische und schweizerische Tochterfirmen – im Land erstellt.[132]

Peking plant 19 Mega-Urbanisationen, die durch Hochgeschwindigkeitszüge zu Ein-Stunden-Wirtschaftsräumen werden. Die fünf wichtigsten haben im Durchschnitt 110 Millionen Menschen. Diese Talent-

Konzentrationen ermöglichen bisher nie erreichte Netze und Produktivitätsschübe.[133] China werde – so glaubt deshalb Alain Bertaud von der New York University – zwischen sich und dem Abendland einen Leistungsabstand legen wie England zum Rest der Welt während der industriellen Revolution des 18. und frühen 19. Jahrhunderts.[134]

Unter den fünfzehn Universitäten mit den meistzitierten Topveröffentlichungen (oberstes Prozent) in Mathematik und Computing finden sich sieben chinesische, sechs amerikanische und zwei aus Singapur. Nummer eins ist Tsinghua (Peking). Den zweiten Platz teilen sich die Stanford-Universität (83 Nobelpreise) und das *Charbin Institute of Technology* (Provinz Heilongjiang). Erst dann kommt das MIT (Boston; 93 Nobelpreise).[135] Das bestätigt ein Bonmot des Taiwan-Chinesen Kai-Fu Lee – er investiert in zehn Jungfirmen mit mehr als einer Milliarde Dollar Marktpreis (Unicorns)[136] –, dass es im Rennen um Künstliche Intelligenz keinen dritten Platz geben wird, weil Ostasien und die USA es unter sich ausmachen werden. Das gilt aufgrund der starken Stellung Japans aber noch nicht für die Gegenwart.

Im Juni 2016 stellt China mit dem *Sunway Taihu-Light* den global schnellsten Super-Computer vor. Er hat – mit 93 Petaflops – die dreifache Rechengeschwindigkeit des ebenfalls chinesischen TIANHE 2, der allerdings auch noch außerchinesische Komponenten verwendet.[137] Im Juni 2018 holt Amerikas IBM mit SUMMIT (200 Petaflops)[138] den Titel zurück und erringt mit SIERRA gleich noch Platz zwei hinzu. China will 2020 mit einem EXAFLOP (mit 1000 Petaflops) antworten.[139] Zählt man die Gesamtleistung der Supercomputer – nicht ihre Anzahl, bei der Amerika noch vorne liegt –, führt China mit knapp 40 Prozent vor den USA (31 Prozent) und Japan (knapp 8 Prozent).[140] Auch in dieser Sparte gibt es also nur einen weiteren Ostasiaten als Dritten.

Bei neuen Waffensystemen kommen die Überraschungen inzwischen ebenfalls aus China. Das Land verfügt schon 2017 gegenüber den USA über ein Dreifaches an Einrichtungen und Publikationen für die Entwicklung von Hyperschall-Waffen.[141] Im Dezember 2019 schockiert es mit einem Spezial-Kriegsschiff, das mit dem ersten einsatzfähigen elektromagnetischen Railgun ausgerüstet ist.[142] Auch seine neuen vier – bis 2035 zu bauenden – Nuklear-Flugzeugträger will es nicht mehr mit dieselgetriebenen, sondern mit elektromagnetischen Katapulten (EMALS) ausrüsten, die bisher niemand sonst einsetzt.[143]

Der welthistorische Erstling eines Besuches der Rückseite des Mondes am 3. Januar 2019 ebenfalls durch China (*Chang'e 4*) sowie die raffinierte Platzierung eines Satelliten für die Sendung der dort gemachten Fotos auf die Erde verdrängen – den Fortschritt aus den Schlagzeilen. Dabei stammen 2018 von den 98 in den Weltraum geschossenen Raketen immerhin 39 aus China.[144] Das spricht auch für die Entwicklung von Transportkapazitäten für die erste außerirdische Dauerstation der Menschheit, die

China bis 2030 am Südpol des Mondes errichten will.[145]

Schon 2015 vereinbart Peking mit Thailand den Bau eines Kanals (100 km lang, 500 m breit und 25 m tief) durch den Isthmus von Kra, der die für den Suez-Kanal erforderlichen Erdarbeiten um den Faktor 30 übersteigt. Er vermeidet die überfüllte Malakka-Straße (2,5 km breit und 25 m tief) und verkürzt den Seeweg nach Ostasien um 1200 km.[146]

Gleichwohl werden Einschätzungen, dass die bisherigen chinesischen Leistungen weitgehend irrelevant seien, stetig lauter. Weil man sich zuvor mit den Prognosen für ein japanisch dominiertes 21. Jahrhundert so blamiert hatte, wollen wenigstens die vorsichtigen Autoren diesmal nichts falsch machen. Schon 2017 publiziert Michael R. Auslin *The End of the Asian Century*[147]. Obwohl er den gesamten Kontinent in den Blick nimmt, kann von »Ende« natürlich nur die Rede sein, wenn China scheitert. Und dazu wird vom Altern, Überwachen und willkürlichen Verhaften bis hin zu Korruption und platzenden Preisblasen mit anschließenden Finanzcrashs alles vorgetragen, was negative Auswirkungen tatsächlich hat oder haben könnte.[148] Ausgeblendet bleibt hingegen – wie bei den Japan-Analysen der 1980er Jahre – die *Cognitive Ability*. Oder bildhaft gesprochen: die Zahl der Klugen. Ganze Erdregionen werden immer noch nach Bevölkerungsmengen und Durchschnittsaltern, nicht jedoch nach Kompetenzen unterteilt. Auch *The Future is Asian*[149] (2019) – eine Art Auslin-Gegenbuch von

Parag Khanna aus Singapur – stellt eher die Erweckung Restasiens durch Chinas Ausstrahlung in den Vordergrund als die Kompetenz, die es eben dafür in Einsatz bringen kann und überdies Südasien voraushat.

Das Scheitern beim Erkennen der Stärke Chinas wiederholt sich beim Verstehen der Schwäche des Westens. So schreibt Francis Fukuyama mit *Identität*[150] ein klug-besorgtes Buch über das Zerfasern ganzer Nationen in Untergruppen, die Wichtigkeit als Schwarze, Weiße oder Vielfachsexuelle gewinnen wollen und so das Ganze in Gefahr brächten. Doch Identitätsbewegungen sind die Folge von Schwächen, nicht ihr Grund. Solange man etwas kann und in der Spitze mitmischt, bleiben die Herkünfte nachrangig. Sie können als Folklore die Freizeit erwärmen, nachdem man es während der Arbeit allen gezeigt hat. Wenn die Kompetenz dafür aber nicht mehr ausreicht, werden in der Tat bisher nachrangige Identitäten zu Lebenskrücken umfunktioniert. An denen kann man sich zwar noch eine Weile festklammern, für eine Rückkehr ins ökonomische Getümmel taugen sie jedoch nicht. Die identitären Bewegungen sind also keineswegs bald auch wieder verschwindende Ursachen für den westlichen Niedergang, sondern Versuche seiner psychischen Abfederung.

Eine vergleichbare Funktion erfüllen »safe spaces«, in denen selbst an Eliteuniversitäten die Studenten Zuflucht vor verstörenden Gedanken, falschen Genderismen oder »hate speech« finden. Obwohl es um eine Massenbewegung gegen die freie Rede geht, dürfte sie – anders als befürchtet[151] – Zulauf vor allem dort verzeichnen, wo man ohnehin nicht wirklich mithalten kann und eben das hinter einer Fassade höherer Moral verbergen möchte. Entsprechend müssen kompetente Studierende solche Räume zum Schutz ihrer Reputation strikt meiden.

Doch zurück zur Diagnose »China wird alt, bevor es reich wird«, wie sie etwa das Davoser *World Economic Forum* 2017 verkündet hat.[152] Auch die aktuell skeptischste China-Prognose von *Capital Economics* glaubt, dass die Chinesen »wahrscheinlich alt sind, bevor sie reich werden.«[153] Das Land werde bis 2040 von jetzt 19 Prozent auf dann nur noch 17 Prozent Anteil am Weltprodukt fallen, weil die Vergreisung seine aktuelle Arbeitsbevölkerung von jetzt 780 auf nur noch 700 Millionen absenke.[154] Im Februar 2019 zieht das *Wall Street Journal* nach: »China may be the first nation to grow old before it reaches developed status.«[155] Interessanterweise werden für das vermeintlich hoffnungslose Durchschnittsalter aber keine Vergleichszahlen vorgelegt.

Die nachstehende Tabelle zeigt unter den aktuell mit China konkurrierenden Ländern – mit der Ausnahme Singapurs – keines mit einem jüngeren Durchschnittsalter.

Ausgewählte Nationen mit einem Durchschnittsalter über 36 Jahren (2019).
Keine kann sich aus den eigenen Geburten voll reproduzieren!*

[*CIA; »Country Comparisons: median Age«, 2019; www.cia.gov/library/publications/the-world-factbook/rankorder/2177rank.html; Zugriff 2. April 2019]

53,1 Monaco	43,7 Litauen	42,5 Finnland	41,8 Malta	40,7 Polen	39,3 Macau	37,7 Thailand
47,3 Japan	43,6 Lettland	42,4 Schweiz	41,8 Südkorea	40,7 Taiwan	39,2 Norwegen	**37,4 CHINA**
47,1 Deutschland	43,0 Kroatien	42,3 Ungarn	41,5 Kuba	40,6 Ukraine	38,7 Australien	36,8 Irland
45,5 Italien	42,7 Bulgarien	42,2 Dänemark	41,4 Belgien	40,5 United K.	38,6 Barbados	36,8 Zypern
44,5 Griechenland	42,7 Estland	42,2 Kanada	41,4 Frankreich	40,5 Slowakei	38,1 Georgien	36,7 Moldawien
44,5 Slowenien	42,7 Spanien	42,2 Portugal	41,2 Schweden	40,0 Weiß-Russ.	38,1 USA	36,5 Island
44,0 Hongkong	42,6 Niederlande	42,1 Bos.&Herz.	41,1 Rumänien	39,6 Russia.	38,9 Neu-Seeland	
44,0 Österreich	42,6 Serbien	42,1 Tschechien	40,7 Montenegro	39,3 Luxemburg	38,9 Makedonien	{34,6: Singapur; 42% Migranten}

Amerikas Mehrheit der *Whites* (60%) hat – so das PEW Research Center – 2019 ein Medianalter von 44 Jahren. *Afro-Americans* und *Hispanics* (34 bzw. 30 Jahre) senken den Gesamtschnitt auf 38,1. Wo also gäbe es einen bei der *Cognitive Ability* entweder gleich starken oder gar überlegenen technologischen Wettbewerber, der das Reich der Mitte aufgrund von mehr Jugendlichkeit herausfordern könnte? Die Analytiker nennen keinen und in der Realität ist er ebenfalls nicht aufzufinden. Unter zwei Vergreisenden aber siegt der smartere, weil er eher imstande ist, Rentner durch

Automaten zu ersetzen. Und gerade dabei legt China mit gut 37 Durchschnittsjahren das größte Tempo vor. Wer hingegen bei Jugendlichkeit und Muskelkraft dominiert, aber bei *Cognitive Ability* hinten liegt, schafft es vorzugsweise mit Gewalttaten in die Schlagzeilen, nicht aber mit der Eroberung bisher noch westlich dominierter Märkte.

Gewiss, 2040 werden Subsahara-Afrika (1,74 Mrd. = 5 USAs) und Indien (1,57 Mrd. = 20 Deutschlands) mehr Menschen beherbergen als dann China (1,36 Mrd.).[156] Doch woher sollte aus diesen Räumen die Kompetenz für ein Übertreffen der Han kommen? Bei den global anspruchsvollsten Patenten (PCT) von 2018 schlägt China (gut 53 000 Anmeldungen) Indien (2000) um den Faktor 26 und Subsahara-Afrika (28 ohne RSA) um den Faktor 1893 (alles gerundet).[157] Solche Differenzen weder zu erwähnen noch zu erklären, leistet der Analyse auch dann einen Bärendienst, wenn ihre Autoren – wie bei *Capital Economics* – zu den ganz besonders Scharfsinnigen gehören.

Käme es nur auf die Menge und das geringe Durchschnittsalter an, würde das 21. Jahrhundert zweifelsohne ein afrikanisch-indisches. Hängt die Spitze jedoch von der Zahl der technikaffinen Menschen ab, wird die schiere Milliardenzahl nicht etwa irrelevant, sondern eine mächtige Hürde gegen das Vorankommen. Natürlich können Humoristen die Konkurrenz durch China mit dem Hinweis *ad acta* legen, dass 2100 seine Bevölkerung um die Hälfte geschrumpft sein werde.[158] Das würde für den Westen jedoch nicht anders laufen. Gewiss liegt er beim Hereinholen von Geringqualifizierten uneinholbar vor China. Das macht seine Bewohner aber nur zahlreicher und nicht zugleich auch innovativer. Ein wachsendes Heer von Bildungsfernen mit immer seltener werdenden Talenten gilt in Ostasien keineswegs als Erfolgskombination, sondern als Rezept für weiteres Abrutschen, das man gerne dem Westen überlässt.

Foreign Affairs, Amerikas angesehenste Zeitschrift für Weltpolitik, stellt sein Eröffnungsheft für 2019 unter die Frage: »Who Will Run the World? America, China and Global Order«. Kognitive Unterschiede werden einmal mehr so entschlossen ausgeblendet, dass selbst der einzige chinesische Autor, Yan Xuetong von der Tsinhua Universität, sie höflich übergeht.[159] Es ist schwer zu entscheiden, ob hier immer noch »weiße« Arroganz zum Zuge kommt, oder der Intellekt längst von Ignoranz überwältigt wird.

Dabei lässt sich die Parole vom alsbald alten und überdies armen China durch einen Vergleich mit Japan trefflich überprüfen. Es hat ein zehn Jahre höheres Durchschnittsalter, liegt 2019 beim Pro-Kopf-Einkommen aber viermal so hoch wie der noch in der Aufholjagd steckende Riese.[160] Auch der Vergleich mit Südkorea – beim Durchschnittsalter fünf Jahre über China, beim Pro-Kopf-Einkommen aber dennoch dreimal so hoch – ließe China nicht schlecht aussehen. Japan gelingen heute 6,6 Prozent des globalen Sozialprodukts. Gemäß *Capital Economics* aber soll China

2040 mit der elffachen Bevölkerung Japans nur 17 Prozent erreichen. Käme es auch nur auf Japans heutigen Anteil multipliziert mit seiner Bevölkerung, stände es hingegen bei rund 70 Prozent.

Eine solche Zahl stellt selbstredend keine zuverlässige Prognose dar, mag aber als Zielwert dienen, den man gegenüber den prognostizierten 17 Prozent im Auge behalten kann. Sie liegt nahe bei den knapp 60 Prozent, die – bei allen Unabwägbarkeiten – als ökonomischer Weltanteil von Gesamtasien für das Jahr 1700 geschätzt werden.[161] Wie lässt sich der damals so hohe Anteil erklären? Große Teil der Erde stecken noch in reinen Besitzstrukturen. In den Amerikas sowie in Afrika und Ozeanien überwiegen Volksgruppen mit der geringen Produktivität einer Solidarproduktion von Jägern, Sammlern und Hirten. Der relativ überlegene Feudalismus aber, in dem Produktionsvorgaben der Herren durch Leibeigene zu erbringen sind, dominiert bereits in Asien und Europa. Chinesen und Europäer leben damals also nach ähnlichen Regeln einer Befehlsproduktion. Überlegen können die Asiaten damals nur abschneiden, weil sie mit höherer Kompetenz im Rennen sind, die allerdings noch nirgendwo gemessen wird.

Noch rar ist um 1700 die Dynamik einer genuinen Wirtschaft, in der Eigentum entweder Geld besichert und für diese zeitliche Festlegung Zins auf sich zieht oder als Pfand für Kredite an Schuldner dient, die den Zins als Wachstum erzeugen müssen, um Bankrott durch Verlust ihres Pfandes zu vermeiden.[162] Unter dieser Struktur können weniger Kompetente kognitiv Überlegene, die weiterhin in feudalen Fesseln stecken, ökonomisch übertreffen. Vor allem deshalb fällt Asiens/Chinas Weltanteil zwischen 1950 und 1980 unter 20 Prozent. Da damals nach Unterschieden bei geistigen Fähigkeiten noch nicht gefahndet wird – das geschieht systematisch erst ab 1982 – kann der Eindruck einer Überlegenheit der Menschen aus Eigentumswirtschaften entstehen, die sich dann als »weißer« Rassismus gebärdet. Auch Japaner haben im frühen 20. Jahrhundert ihren ökonomischen Vorsprung gegenüber China nicht als Ergebnis der Meiji-Reformen zum Eigentum verstanden, sondern – durchaus rassistisch – einer ernsthaft geglaubten intellektuellen Überlegenheit gegenüber den Han zugeschrieben.[163]

Erst seit – ab 1980 – fast überall auf der Welt Eigentumspreise durch permanentes Innovieren gegen Absinken Richtung Überschuldung verteidigt werden müssen, kann Chinas niemals verschwundene, aber lange brach liegende kognitive Potenz für das Erklimmen der alten Spitzenpositionen von neuem eingesetzt werden. Das Land exportiert im Jahr 2014 – 35 Jahre nach dem 1979er Eintritt ins Eigentum – in lediglich sechs Stunden so viel wie im gesamten Jahr 1978.[164]

Eine bemerkenswerte Ausnahme beim Ausblenden der Kompetenz für die Einschätzung von Chinas zukünftiger Wirtschaftsleistung gibt es allerdings doch. Es geht um *Cognitive Capitalism* von Heiner Rindermann, 2018 bei Cambridge University Press erschienen. Seine Prognose ist, weil für das Jahr 2100 erstellt, mit höchsten Unsicherheitsfaktoren belastet. Er vergleicht die Nationen unter Einbeziehung de – negativen oder positiven – Änderungen bei der *Cognitive Ability* unter Zugrundelegung der bis 2010 gemessenen Wachstumsraten. Zu 2010er US-$-Preisen ermittelt er für 2100 eine Pro-Kopf-Leistung von rund 270 000 Dollar für die USA, 230 000 für Großbritannien, 165 000 für Deutschland, 71 000 für Indien, aber 750 000 für China.[165]

Als nackter Betrag mag diese Zahl ungläubiges Kopfschütteln hervorrufen. Über die dahinterstehenden kognitiven Trends jedoch hat die Diskussion noch kaum begonnen. Und doch spielen sie selbst dort eine Rolle, wo einmal abgewichen wird vom üblichen westlichen Analysetrend, dass China bei Wissenschaft und Technik noch lange hinten liegen und von 800 Millionen Armen auf dem Land dauerhaft heruntergezogen werde. Michael Pillsbury vom Hudson Institut hält bereits 2005 mit »China's Progress in Technological Competitiveness« dagegen und tut das nicht etwa mit amerikanischen, sondern mit südkoreanischen Untersuchungen, die bereits damals den von China aufzuholenden Rückstand nur noch in wenigen Jahren oder gar Monaten, nicht aber in Jahrzehnten messen. Kompetenz wird allerdings auch von Pillsbury weder als Stärke von Chinesen noch von ihren koreanischen Beobachtern in Erwägung gezogen.[166] So lebt noch in der gescheitesten

Kritik an der Unterschätzung Chinas unbewusst die alte Geringschätzung fort.

Doch zurück zum hohen Durchschnittsalter der ökonomisch führenden Nationen. Mit Abstufungen leiden daran alle OECD-Staaten, zu denen China beim Einkommen noch nicht aufgerückt ist. Man kann es deshalb bei enger gefassten Vergleichsräumen (nur Westeuropa, nur Lateinamerika etc.) beseitelassen. Bei der globalen Analyse verbietet sich das allerdings schon deshalb, weil es etwa bei potenziellen Zuwanderern einen gravierenden Unterschied macht, ob da zornige Jünglinge ohne Bildung oder kluge Greise über die Grenze streben.

Mehr noch sind Vergreisung und Dequalifizierung für jede Langzeitanalyse wichtig, weil der wichtigste Faktor für den Erfolg von Unternehmen nicht durch unternehmerisches Handeln gewonnen wird. Man kann Hochqualifizierte schließlich nicht wie die köstlichen Bentheimer Landschweine oder ermüdungsfreie Roboter als Waren erzeugen. Unternehmer können für ihren entscheidenden Erfolgsfaktor also keine Lieferverträge mit ihresgleichen aushandeln, sondern sind nicht endender Unwägbarkeit ausgesetzt.

Warum nun ist es so schwierig, die Geburtenzahlen von Qualifizierten so zu erhöhen, dass die nach McKinsey schon 2020 fehlenden 40 Millionen Könner[167] alsbald doch das Licht der Welt erblicken? Warum bekommen immer mehr Nationen weniger Kinder? Und warum kann das mitleidlose gegenseitige Abwerben der Besten, bei dem es ganz unvermeidlich Verlierer geben muss, niemals aufhören?

»Den Geburtenrückgang erstmalig nachzuweisen, statistisch aufzudecken und in diesem Sinne zu ›ent‹-decken war mir [Julius Wolf; 1862–1937] um die Jahrhundertwende [1900] vorbehalten.«[168] Eine bemerkenswerte Entdeckung war das, weil bei auch »nur« vier – statt sechs – Kindern pro Frauenleben eine Bevölkerung wuchtig wächst und damals kaum jemand über Statistiken verfügt oder danach fragt, ob es nicht kürzlich noch sechs waren. Deutschlands Sozialforscher gehören damals zur Avantgarde ihres Fachs. Der jüdische Gelehrte Wolf stirbt noch vor dem Holocaust, aber die jüngeren Kollegen sind da schon geflohen oder vertrieben. Das unterstreicht einmal mehr, dass noch kein Land bekannt ist, das durch Beseitigung seiner Juden wissenschaftlich oder technologisch stärker geworden wäre.

Wolf listet 1931 eine Reihe von – für ihn – falschen Theorien auf, die partiell allerdings bis heute vertreten werden. Er sieht den Geburtenrückgang also nicht als Antwort auf den »Rückgang der Säuglings- und Kindersterblichkeit«, die »Wohlstandszunahme« oder als Ergebnis einer »pathogenen Urbanisierung« (wenig Sonne, schlechte Luft etc.). Auch die »Vervollkommnung der Präventivmittel« werde nicht ausschlaggebend. Überzeugender sei »die Erklärung des Geburtenrückgangs aus den modernen wirtschaftlichen und sozialen Verhältnissen. Aber auch sie vermag nicht, den Absturz der Geburtenziffer aufzuhellen. Wohl alle, die gewollt heute nur ein Kind haben, würden zumindest noch einem zweiten das Leben geben, wenn sie dazu ökonomisch und sozial in der Lage wären. [...] Die Gefahr besteht darin, dass die kulturell fortgeschrittensten Bevölkerungsgruppen [...] die Geburten am schärfsten kontrollieren.«[169]

Am ehesten leuchtet ihm der Mediziner Ludwig Flügge [1884–?] ein. Der meinte, »dass die Fruchtbarkeit jener, die schon durch Geburt einer Gruppe *gesicherter* Position angehören [Gutsbesitzer, Staatsbeamte, Offiziere; GH], größer ist als die jener, die erst in sie aufsteigen müssen.«[170]

Anders ausgedrückt ist es das Leben in permanentem Wettbewerb, das sich als stärkstes aller Verhütungsmittel erweist.[171] Aus ihm heraus wird selbst gegen staatlichen Widerstand nach solchen Mitteln gesucht. Ein Lohnabhängiger kann eine Position nur erringen und immer wieder verteidigen, wenn er in der Konkurrenz auf Arbeitsmärkten siegreich bleibt. Lohnabhängige werden ab 1830 in England und ab 1885 im Deutschen Reich zur Bevölkerungsmehrheit. Sie stehen in keinem ökonomischen Generationenvertrag. Sie können sich für Notfälle also nicht absichern durch Übergabe eines Eigentums (Hof, Handwerk, Fabrik, Laden etc.) an den Nachwuchs, der als Gegenleistung für das Erbe die Eltern bei Alter und Krankheit versorgt.

Lohnabhängige haben deshalb keine *wirtschaftlichen* Interessen an *eigenen* Kindern. Fortpflanzung gibt es bei Straffreiheit von Geburtenkontrolle deshalb nur noch aus *emotionalen* Gründen. Weil 80–90% der Bevölkerungen in eigentumsbasierten Staaten lohnabhängig sind, tendieren sie unter die Nettoreproduktion, also zu weniger als 2,1 Kindern pro Frauenleben. Weil in Familien aus Lohnabhängigen Eltern *und* Kinder gleichzeitig arbeitslos werden können, bleiben die gesetzlichen Unterhaltspflichten selbst zwischen Blutsverwandten unerfüllbar. Deshalb entstehen Versicherungssysteme für Arbeitslosigkeit, Krankheit und Alter.

Diese Versicherungen funktionieren durchaus, verstärken die Entscheidung zur Kinderlosigkeit aber noch. Das Kollektiv der Versicherten und nicht ein Netzwerk von Verwandten garantiert die Versorgung. Dem Rentenhunderter sieht man nicht an, von wem er erarbeitet wird. Versicherungssysteme können zwar ohne Beitragszahler nicht überleben, die aber müssen nicht von den jetzigen Leistungsempfängern selbst gezeugt worden sein. Deshalb werden Appelle zu mehr Kindern zwar verständnisvoll angehört, in der Zwangsjacke der Konkurrenz aber kaum befolgt.

Seit den späten 1920er Jahren zeigen Untersuchungen (zuerst in Deutschland), dass die Bestverdienenden (höhere Angestellte) nach Partnerinnen suchen, die selbst ihren Unterhalt verdienen und bei der Kinderzahl heruntergehen. Da diese Männer um die anspruchsvollsten Arbeitsplätze kämpfen, gewinnen sie Konkurrenzvorteile, wenn sie Zeit, Kraft und Geld nicht für leidende Frauen und weinende Kinder, sondern für lebenslange Qualifikation und Stressabbau (»Wellness«) einsetzen. In dem Maße, wie diese Gruppe wächst, nimmt die Zahl männlicher Versorgungsangebote an potentielle Mütter ab. Wollen diese Frauen gleichwohl überleben, müssen sie – fern von väterlichen oder brüderlichen Vormündern – selbst Geld verdienen dürfen. Dafür erkämpfen sie noch im 20. Jh. die Gleichberechtigung beim Schließen von Arbeits-, Miet-, Kauf-, und Eheverträgen.

Heute konkurrieren über 90 Prozent aller Männer und Frauen tendenziell so hart wie damals die Minderheit der bestentlohnten Männer. Um Männer *und* Frauen ausstechen zu können, setzen nun auch bald 90 Prozent der Frauen ihre für Qualifikation und Fortpflanzung stärksten Jahre (15–35) für das Erlangen einer Karriere ein. Doch das geschieht nicht überall.

Dass große Territorien Afrikas und Südasiens immer noch hohe Geburtenraten aufweisen, liegt nicht so sehr an geringen Pro-Kopf-Einkommen, sondern an der geringeren Lohnarbeitsquote. Sie hält die Menschen in einer wenig produktiven Landwirtschaft fest, in der zusätzliche Kinder bei der Nahrungsproduktion tatsächlich mitarbeiten können. Der Geburtenrückgang auch in diesen Gebieten – geringer allerdings in Subsahara-Afrika – wiederum liegt nicht an der Urbanisierung als solcher, sondern erfolgt deshalb in Städten, weil dort Lohnarbeitsbetriebe dominieren. Scheitert dieser Prozess beispielsweise durch das asiatische Wegkonkurrieren gerade erst geschaffener oder noch im Aufbau befindlicher Industrien sowie durch das Fehlen von Talenten für den Sprung in Hightech-Bereiche, wird auf die Landwirtschaft zurückgefallen. Das kann die Senkung der Geburtenraten verlangsamen oder sogar wieder rückgängig machen.

In den entwickelten Nationen hingegen, deren große Mehrheiten permanent die Konkurrenz der Arbeitsmärkte bestehen müssen und dafür ohne Familienlasten im Vorteil sind, könnte die Geburtenrate auf null fallen. Aufgrund der emotionalen Sehnsucht nach einem Kind liegen die rund 70 Top-Länder (von gut 200 insgesamt) immer noch deutlich über einer Kinderzahl von eins. Dass real 1,5 erreicht werden, ist vorrangig das Ergebnis gezielter Bevölkerungspolitiken.

Es fehlt also das zweite Kind. Die Sehnsucht mag für ein erstes reichen, Sozialhilfe bringt auch dritte und vierte. Überzeugen aber muss man die qualifizierten Frauen durch ein besonders attraktives Angebot. Dafür könnte man beispielsweise sämtliche bisher angebotenen Mittel – vom Schwangerschafts- und Kindergeld über die Vorschulerziehung bis hin zu Steuervergünstigungen und Mütter-Renten – zusammenziehen. Als Einmalbetrag zur unabhängigen Verwendung für ein zweites Kind (und für nichts anderes) kämen in der OECD-Welt dabei hohe fünfstellige Euro- oder Dollarbeträge zusammen. Ein solches Angebot abzulehnen, täte schon weh. Natürlich würden findige Ärzte flugs Verfahren für die Empfängnis von

Zwillingen anbieten, damit auch schon beim ersten Kind Geld fließt.[172]

Gleichwohl bliebe ein solche Politik unwägbar, weil so gewonnene Kinder bildungsferne Erwachsene werden oder die gelungenen Könner auswandern könnten. Bisher hat keine Nation für dieses Problem eine Lösung gefunden. Wie würde China vorgehen? Es hat bei der Einkindpolitik von 1979 bis 2015 mit Härte operiert. Doch ein pro-natalistisches Gegenstück des Beamtenapparats zur Zwangsabtreibung ist kaum vorstellbar. Wird man weichere Druckmittel erproben? Man könnte Zweifachmütter bei der Besetzung attraktiver Arbeitsplätze bevorzugen. Eine solche Maßnahme – ohnehin verfassungswidrig in Demokratien – wäre abwegig in Nationen mit hoch divergenten Kompetenzprofilen. Keine Firma kann einer Vielfachmutter ohne Schulabschluss eine Spitzenstellung anbieten und dafür die qualifizierte Kinderlose ablehnen. Wenn aber die meisten Bewerberinnen ähnlich qualifiziert und motiviert sind, bliebe das Risiko einer Vergeudung von Talenten kalkulierbar.

Eine der Strafen für Chinesen, die ihr bedrohliches Konto korrekten Sozialverhaltens überziehen, besteht im Ausschluss des Nachwuchses von den besten Schulen und Universitäten.[173] Würde das Fehlen eines zweiten Kindes ebenso geahndet, wäre gerade der zur Kinderlosigkeit drängende Berufsehrgeiz in die Fortpflanzungspflicht genommen. Die Sorge vor zu wenig erstklassigen Studenten wäre wegen der generell hohen *Cognitive Ability* im Reich der Mitte wiederum vernachlässigbar. Man bedenke dazu, dass fünf Chinesinnen zu den zehn reichsten Frauen der Welt des Jahres 2019 gehören, die ihr Vermögen nicht geerbt, sondern selbst erwirtschaftet haben.[174] Da China gut zwei Drittel der weltweiten jugendlichen Mathe-Asse beherbergt, spricht alles dafür, dass es bei den Frauen einen vergleichbaren Anteil hält (s. Kapitel III).

Die meisten europäiden Staaten haben viel zu hohe Anteile an SchulversagerInnen, um solche Wege beschreiten zu können. Wenn aber China diesbezüglich nur halb so rücksichtslos verführe wie bei der seit 2016 abgeschafften Einkindpolitik, würde es unschlagbar werden. Denn keiner der Konkurrenten kann allein durch die Einwanderung von – ihrerseits wieder geburtenarmen – Hochqualifizierten überleben.

China verfügt aktuell über ein Arbeitskräftepotenzial von 900 Millionen unter seinen 1,4 Milliarden Menschen. Da nur 780 Millionen (22 % der global Beschäftigten) davon aktiv sind,[175] gibt es für die nahe Zukunft noch Reserven. Doch nur wer mit den eigenen Familien bzw. Frauen den 2,1 Kindern für die Nettoreproduktion nahekommt, bleibt langfristig im Rennen. Davon kann in China aktuell keine Rede sein. 2018 realisiert es mit 15,23 Millionen die geringste Geburtenzahl seit 1961.[176] Das ist auf 1000 Einwohner zwar mehr als in Deutschland oder der Schweiz, aber der Abstand von 2017 (12,3: 8,6 bzw. 10,5 für China[177]) wird geringer. Zugleich erreichen die USA (2,12 auf 1,73 pro Frau von 2007 bis 2018) die geringste Geburtenzahl seit 1986.[178]

Ein Mutterschaftsurlaub bis zu 113 Tagen gehört zu Chinas schnell eingeleiteten Maßnahmen. In Tibet wird sogar ein Jahr gewährt, um mehr Han dorthin zu locken. In der Experimentier-Stadt Shihesi (640 000 Einwohner) müssen Unternehmen im Mutterschaftsurlaub das volle Gehalt weiterzahlen. All das sind durchaus konventionelle Instrumente. Weiter geht *Xinhua Daily*. Es empfiehlt im August 2018 einen Fonds, in den alle Menschen unter 40 Jahren einzahlen müssen, um großzügige Zuwendungen an Paare mit einem zweiten Kind zu finanzieren. Wer darunter bleibt, muss trotzdem zahlen.[179]

Doch die chinesische Sprachregelung indiziert bereits eine neue Richtung. Es wird nicht einfach vom Ende der Einkindpolitik oder von der Zulässigkeit eines zweiten Kindes, sondern von einer »vollumfänglichen Zweikindpolitik« gesprochen. *People's Daily* proklamiert: »Die Geburt eines Babys ist nicht nur eine Frage der Familie, sondern ein Vorgang von nationalem Rang.« Da ist die Belastung des Sozialkontos bei Ausbleiben des zweiten Kindes nicht mehr fern. Gelingt China die Verbindung seiner *Cognitive Ability* mit einer stabilen Alterspyramide, werden die zahllosen Abhandlungen über seine Vergreisung vor dem Reichwerden Makulatur. Das 21. Jahrhundert würde in der Tat ein chinesisches.

Was China hingegen nicht beabsichtigt, ist eine Öffnung seiner Grenzen für die rund 938 Millionen Menschen, die aus schlecht entwickelten oder gar absinkenden Regionen auswandern wollen (Stand

2017[180]; s. a. Kapitel IV A). Das Land begnügt sich im Jahre 2015 mit insgesamt 583 anerkannten Asylbewerbern.[181] Will es sein Leistungsniveau halten, kann es aus den Ländern jenseits Ostasiens ohnehin nur die Besten akzeptieren. Die aber sind generell knapp und bekommen überall rote Teppiche ausgerollt. Selbst der Durchschnitt der *klügsten zehn Prozent* der Kinder aus Russland, Kanada oder Schweden erreicht bei TIMSS 2015 nicht einmal den Durchschnitt *aller* Kinder in Singapur, Taiwan oder Japan.[182] Von daher bleibt es schon schwierig, passende Einwanderer überhaupt zu identifizieren. Sie dann auch noch zum Übersiedeln nach China zu überreden, käme einem Wunder nahe.

Bisher hat niemand Peking – oder Tokio und Seoul – von irgendwelchen Vorteilen durch Millionen gering qualifizierter Fremdlinge überzeugen können. Man beobachtet die Resultate solcher Politiken in den USA oder in Westeuropa und kann in ihnen keinerlei Anzeichen für eine Verbesserung der dortigen Konkurrenzfähigkeit erkennen.

Die roten Teppiche werden allerdings in die Gegenrichtung von Chinesen gerne betreten. Unter den Auswanderungsnationen stehen sie relativ zwar ganz hinten, bei der absoluten Menge jedoch erreichen sie den vierten Platz. Im British Empire sind sie seit mehr als 200 Jahren vertreten und mit ihren Chinatowns Teil seines urbanen Raums. Vor allem Wohlhabende und junge Talente machen sich seit den 1990er Jahren davon.[183] Erfolgreiche Mittel zum Schließen dieser Wunde fehlen bisher in China nicht anders als bei vielen Konkurrenten auch. Allerdings gelingt zunehmend die Rückwerbung von Topwissenschaftlern, die mit großzügig ausgestatteten Instituten gewonnen werden.[184]

Japan muss im letzten Drittel des 19. Jahrhunderts seine technische Aufholjagd noch durch teure Experten aus Europa anleiten lassen. Fast 2700 westliche Fachleute verschlingen beispielsweise zwischen 1868 und 1889 ein Drittel des Staatshaushalts.[185] Die USA (*Operation Paperclip*[186]) und die Sowjetunion (*Operation Osoaviakhim*[187]) wiederholen die japanische Methode, als sie nach 1945 rund 3800 deutsche Naturwissenschaftler sowie Raketen- und Waffenspezialisten nebst Facharbeitern – ungeachtet ihrer Taten – in eigene Hightech-Programme überführen und ihnen dafür sogar Leitungsposten übertragen. Gewiss böte ein solcher Weg auch für China noch ungenutzte Entwicklungsreserven. Gleichwohl ist das meiste Wissen heute global abrufbar. Wer es vermag, greift den Rest unterhalb der Legalität ab.

Bei der Eliteanwerbung sind Angelsachsen und Westeuropäer aktuell also weitaus erfolgreicher als Ostasien. Falls China jedoch einmal mit einer Bevölkerungspolitik punkten kann, die dem Westen nicht zu Gebote steht, würde es zum Herren der Zukunft.

Als zusätzlicher demografischer Nachteil Chinas gilt sein Männerüberschuss aufgrund von höheren Abtreibungsraten für weibliche Föten oder gar durch

Tötung weiblicher Neugeborener. Das Abendland ruht auf zwei jüdischen und zwei griechischen Pfeilern. Vom Judentum kommen Lebensheiligkeit und Eingottglaube, von den Griechen Eigentum und Einehe. Diese Prinzipien bestimmen auch das Völkerrecht und sind insofern heute für die gesamte Menschheit gültig. In China jedoch wird das Kindestötungsverbot erst im Ehegesetz von 1950 allgemeines Recht. Unter dem Regime der Einkindpolitik kommt dann die uralte Praxis wieder blutig zum Durchbruch. Weil das Verbot so jung ist, mag seine Tabuisierung weniger ausgeprägt sein als in Europa.[188]

Von den überzähligen jungen Männern wird Schwermütigkeit oder Aggression aufgrund des Fehlens potenzieller Ehefrauen erwartet.[189] Realiter führt die Situation jedoch dazu, dass China jederzeit aus rund 15 Millionen Männern zwischen 25 und 40 Jahren (1 Million[190] von jährlich ca. 16,5 Millionen Neugeborenen bis 2017[191]) erwartungsfreudige Teams vom Ingenieur bis zum Vorarbeiter für den Einsatz in der Fremde gewinnen kann. Rund 600 000 überwiegend männliche Chinesen sind allein in Afrika aktiv.[192] Sie können also Gewinne machen und Lebensfreude gewinnen, wo Europäide mangels Personals gar nicht erst antreten.

Die Geschlechterdisparität ist mithin nicht ausschließlich eine Belastung, sondern zugleich ein Pfund, mit dem gewuchert werden kann. Das gilt selbstverständlich auch fürs Militär. Die schwesterlosen Söhne erlauben die Aufstellung von Verbänden, deren Verluste leichter verkraftbar sind als die Gefallenen der westlichen Streitkräfte, die durchaus hätten Familienväter werden können. Mit seinem Kriegsindex von aktuell 0,99 steht China kaum besser da als die USA (0,96). 990 bzw. 960 Jünglinge von 15–19 Jahren folgen auf tausend 55–59-jährige Rentenanwärter. Das ist in beiden Fällen prekär. Aber eine Entsprechung für die 15 Millionen ehelosen Männer hat Amerika nicht. Zudem ist es bei der Rekrutierung von Soldaten limitiert, weil Kandidaten unter IQ 83 nicht akzeptiert werden dürfen. Gerade in diesem Bevölkerungssegment hätten die USA einen quantitativen Vorteil, während sie in China aufgrund der insgesamt höheren *Cognitive Ability* rar sind.

Gut, werden die Experten einwerfen, wenn China nicht an der Demografie scheitert, wird es eben in ökonomischen Krisen gen Abgrund trudeln. Diese eintönig wiederholte Melodie beginnt 2001 mit *The Coming Collapse of China* von Gordon Chang. Die Prognose wird in Neuauflagen von 2012 und 2016 wiederholt: »Die Volksrepublik hat fünf, vielleicht zehn Jahre Zeit, bevor sie untergeht.«[193] Manche Begründungen sind keineswegs abwegig. Doch die Anfälligkeit für Wirtschaftskrisen trifft alle Eigentumswirtschaften, also auch die Konkurrenten Chinas. China schützt seit 1985 Patente, also geistiges Eigentum chinesischer Bürger und verabschiedet 1986, also nur sieben Jahre nach der Zulassung privater Firmen, ein Insolvenzgesetz – und zwar zuerst für Staatsbetriebe. Wer die Schaffung von Eigentum und dann auch die legale Vollstreckung in dasselbe gesetzlich regelt, hat das Wirtschaften zumindest in den Grundzügen verstanden.

1995 wird die individuelle Freiheit des Arbeiters weiter ausgebaut. Als weitgehend unbeschränkter Selbsteigentümer kann er nunmehr seine physische Besitzseite (Hirn und Hand) frei gegen Geldlohn fast überall vermieten (*Labour Law of the People's Republic of China*). Das neue Bankrottgesetz von 2007 erreicht im besten Sinne Weltniveau und muss sich – mit seinen flexiblen Alternativen zu harter Vollstreckung (endgültiger Liquidierung) – hinter den USA oder Westeuropa nicht verstecken.[194] Gleichwohl sind Krisen mit ihren gehäuften Firmenuntergängen ganz generell nicht gut verstanden. Deshalb versucht der nachstehende Kasten eine knappe Erklärung.

Warum Überproduktions- und Bankenkrisen unvermeidlich sind, also nicht als Indikator für ausschließlich chinesische Schwächen taugen.[195]

In eigentumsbasierten Systemen müssen alle Vermögenspositionen permanent gegen den Fall ihrer Preise verteidigt werden. Das gilt etwa für ein persönliches Hauseigentum genauso wie für Unternehmen, die auf Märkten konkurrieren. Deshalb müssen immer alle Mitglieder einer bestimmten Branche die – woher auch immer kommenden – Prozess- und Produktinnovationen nachvollziehen. So müssen historisch Kutschenhersteller auf Autos oder Schreibmaschinen-Hersteller auf Computer umrüsten. Dieser Schritt ist auch dann unvermeidlich, wenn alle Unternehmer sehen oder wenigstens ahnen, dass nach Abschluss der – mehr oder weniger gleichzeitig – von allen umgesetzten Innovationen mehr produziert wird, als verkauft werden kann. Für die einzelne Firma lassen sich aus dem Wissen um eine solche Überproduktion keine problemlösenden Schlüsse ziehen. Sie zieht mit oder bleibt bewegungslos im Hergebrachten, wodurch ihr Eigentumspreis umgehend gegen null tendiert, also ihre zukünftige Verschuldungsfähigkeit durch Eigentums- und damit auch Pfandentwertung verschwindet.

Firmen haben also nur die Wahl zwischen dem Verzicht auf technischen Fortschritt mit der Gewissheit sofortigen Ausscheidens aus der Konkurrenz und der bloßen Chance, nach Umsetzung des technischen Fortschritts zu denen zu gehören, die auf Märkten genügend Käufergeld für die Ablösung ihrer Schulden und damit für die Auslösung ihres für die Unternehmenskredite verpfändeten Eigentums gewinnen. Unternehmen fördern offenen Auges die Überproduktion von morgen oder verlieren gleich heute Eigentum. Der Rückgang des Industrieanteils senkt das Drama fürs Ganze, die Pleiten aber bleiben. Rüsten zehn Firmen einer Branche um und drei gehen unter, weiß niemand vorab, wer zu den sieben Überlebenden gehört.

Der Angriff auf die Eigentumspositionen von Konkurrenten durch eigene Innovationen sowie die Verteidigung des Eigentums gegen ebensolche disruptiven Innovateure erfordert Investitionen, also das Ausgeben von Geld, das von den meisten Akteuren geliehen werden muss. Die Ausgabe dieser Gelder sorgt in den betroffenen Branchen für Aufschwünge. Die Hersteller der neuen Technologien – etwa Plasmabildschirme für alle Firmen, die bisher Röhrenbildschirme verwenden – verpfänden Eigentum, um für ihre Investition in neue Produktionsanlagen und Arbeitskräfte Kredit zu erhalten. Selbst wenn Banken ihnen auf Goodwill leihen, gibt es im Ernstfall die Generalhaftung des Schuldners, also die Vollstreckung auch in nicht explizit als Kreditpfand ausgewiesenes Eigentum. Auch die Käufer der neuen Technik, die sie für ihr ökonomisches Überleben erwerben müssen, nehmen Kredit, gehen also in die immer riskante Verpfändung von Eigentum. Das Geld aus diesen zusätzlichen Krediten sorgt für eine brancheninterne Preis- und Lohnsteigerung, weil die Bestandteile des Neuen und die Spezialisten für ihre Herstellung erst einmal rar sind. Auch das wird als Aufschwung registriert.

Aufgrund der Kreditaufnahme für die Erstschaffung der Innovation und für ihre Übernahme bei der Aufholjagd der umgehend in Preisverfall treibenden Konkurrenten kommt es unvermeidlich nicht nur zu einer Branchen-, sondern auch zu einer

Bankenhausse. Die Branchenmitglieder können überwiegend mit Geld versorgt werden, weil zu Beginn des Aufschwungs das von ihnen angebotene Pfand im Preis noch stabil oder kaum gefallen ist, wenn es nicht gar in Erwartung des Innovationsbooms steigt. Auch das Geld, das sich vor allem die boomenden Technologieanbieter meist leichter als ihre Kunden durch Anleihen und Aktienausgabe – also über gutes Ranking bzw. ohne direkte Verpfändung – beschaffen können, müssen sich die Investoren in diese Papiere im Normalfall ja bei Banken gegen Eigentumsverpfändung besorgen.

Von den zur Modernisierung gezwungenen Firmen müssen für die Geldbeschaffung etliche umgehend bis ans Limit ihres noch für Verpfändung verfügbaren Eigentums gehen. Selbst für den Fall also, dass während des Aufschwungs alle Kredite einer Bank im Nennwert besichert sind, ist eine *Überexponierung* der Banken – ihr fälschlich als Leichtsinn oder Unersättlichkeit geschmähtes Verhalten – unvermeidlich. Banken können sich schließlich genauso wenig wie die Unternehmen der modernisierenden Branche vorab aus dem Geschäft verabschieden, sondern müssen mit Kredit an ihre Firmenkunden mitziehen, um überhaupt im Rennen zu bleiben. Und in diesem können auch sie vorher bestenfalls ahnen, welche ihrer Schuldner scheitern und ihr dabei entwertetes Kollateral nicht mehr durch zusätzliches Eigentum (Nachschuss) unterfüttern können. Sie wissen also niemals genau, ob unbedienbare Kredite sie oder eine Konkurrenzbank treffen.

Nach dem Umsetzen der Innovationen kommt es zu Firmenzusammenbrüchen für den Abbau der Überproduktion. Dieser Abbau erfolgt auch über Preissenkungen mit entsprechender Deflation der zuvor inflationierten Firmenpreise (Börsenkurse), weil diese Firmen durch Verkäufe weniger einnehmen, als sie über ihre Modernisierungskredite schulden. Durch diese Deflation fallen auch die Preise der den Banken zugesicherten Pfänder, während die von den Firmen geschuldeten Summen unverändert hoch bleiben. Das führt zur Unterbesicherung der von den erfolglosen Firmen aufgenommenen Kredite, was die banklichen Kreditgeber mitreißen kann. Sie gehen unter, wenn ihr Eigenkapital für das Glattstellen der ausgebliebenen Rückzahlungen aufgebraucht ist. Das Auslöschen der Firmen und Banken durch deflationäre Kapitalaufzehrung führt zu Arbeitslosigkeit. Sie resultiert in politischen Rettungsversuchen, bei denen im Normalfall mit Geldern der Steuerzahler Bankeigentümer liquide gehalten werden, um sie auch durch längere Fristen ohne Tilgung vonseiten ihrer Schuldner am Leben zu erhalten. Das wiederum verzögert das Ausscheiden der nicht mehr konkurrenzfähigen, also »faulen« Schuldner.

Bei technischen Revolutionen in einzelnen oder nur wenigen Branchen kommt es also immer zu Branchenhaussen mit Inflation und anschließend zu Branchen- und partiellen Bankenkrisen mit Deflation. Bei den viel selteneren Mega-Innovationen (Elektrizität, Motoren, Automobile, Fernkommunikation, Internet, Künstliche Intelligenz etc.), die alle Branchen für die Verteidigung der Eigentumspreise mitmachen müssen, dauern die Aufschwünge länger. Entsprechend sinken im Abschwung bei viel mehr Firmen die Eigentumspreise, was dann mehr Banken durch Pfandentwertung trifft als bei einer bloßen Branchenkrise. Weil eine Hausse durch Mega-Innovationen länger dauert als eine bloße Branchenmodernisierung, wird gerne behauptet und geglaubt, dass diesmal alles anders bzw. die Zeit der Krisen vorüber sei. Doch die Krise kommt nur später und muss dann tiefer greifen als eine bloße Branchenkrise. Gleichwohl ist sie in der Eigentumswirtschaft so unvermeidlich wie diese.

Erst fehlgehende Heilungen der branchenübergreifenden Krisen erzeugen Hyperkrisen. Man will den Fall der Preise der auszuscheidenden Firmen mit anschließender Freisetzung ihrer Lohngeld-Empfänger stoppen. Und man will die von jetzt faulen Krediten getroffenen Eigentümer der Banken heraushauen, damit sie die Löcher nicht aus eigenem Vermögen stopfen müssen oder dieses tatsächlich nicht können. Durch solches »Nie gaben so viele so reichlich an so wenige Multi-Milliardäre« wandelt sich die Verschuldung der überschaubaren Zahl von Bankeigentümern in eine Staatsschuldenkrise, also in eine Überforderung der Steuerzahler. Da ihre kollektive Schuldenbedienungsfähigkeit begrenzt ist, die Staatsschuldenpapiere für das Retten von Firmen- und Bankeigentümern also schwer verkäuflich sind, werden die Zentralbanken für das Herausschieben von Massenpleiten missbraucht. Durch Senken des Zinses auf null oder darunter verringern sie die vom Steuerkollektiv aufzubringende Zins- und Tilgungslast. Zusätzlich verschleiern und verzögern Zentralbanken die Nicht-Bedienbarkeit der auf den Steuerzahlern liegenden Schuldsumme durch den Ankauf der auf freien Märkten nicht mehr absetzbaren Schuldtitel.

Das alles bringt aber keine Lösungen. Denn keine Zentralbank kann während des durch sie verlängerten Bankrottschutzes den Unternehmen gescheitere Arbeiter oder bahnbrechende Erfindungen zur Verfügung stellen, deren Markterfolge dann auch zu echt verdienten Steuern für die Bedienung der Staatschulden führen würden. Im Gegenteil: Die Zentralbankmaßnahmen vergeuden Zeit für die am Ende doch erforderliche Aufholjagd durch Innovationen, für die auf den globalen Märkten ja niemals eine Fristverlängerung gewährt wird.

Global erreichen die Schulden aller Regierungen im Jahr 2019 rund 80 Prozent des Welt-Bruttosozialprodukts.[196] Das sind 66 Billionen US-Dollar vom rund dreimal so hohen Gesamtschuldenstand (mit Unternehmen und Konsumenten). In den USA – mit gut 250 Prozent beim heimischen *Gesamt*schuldenstand gleichauf mit China[197] – sind es 106, in der EU 83 und in China 44 Prozent.[198]

Da Chinas Banken im Eigentum des Staates stehen, können sie bei Auslöschung ihres Eigenkapitals durch überschuldete Kreditnehmer, die es zweifellos gibt, von der Regierung mit Staatstiteln (mit einem A+-Rating bei Fitch) rekapitalisiert werden, ohne dass deren zusätzliches Volumen unbedienbar werden würde. Die verbreitete Zuversicht über ein crashinduziertes Ausscheiden Chinas aus der globalen Konkurrenz kommt insofern verfrüht. Rückschläge hingegen wird es selbstverständlich geben.

Gleichwohl ist immer noch unausgesprochen, woher überhaupt der chinesische Aufschwung – ob nun glorifiziert oder zum baldigen Absturz verdammt – gekommen ist. Der Marsch von 300 auf 10 000 US-Dollar pro Kopf zwischen 1980 und 2019[199] wird ja nicht in Zweifel gezogen. Gleichwohl gibt es – analog zu Richard Lynns 1982er Entdeckung des japanischen 105-IQ gegenüber 100 bei den Nordeuropäern – genau dreißig Jahre später eine ähnlich umwerfende Erkenntnis über China durch die Teilnahme Schanghais am PISA-Vergleichstest der OECD von 2012. Dass die jungen Chinesen bei Mathematik und Naturwissenschaften den ersten Platz erobern, kommt nicht wirklich überraschend, da ja zuvor Mitglieder derselben Ethnie aus anderen Ländern (Taiwan, Singapur, Hongkong) sich schon immer mit Japanern und Koreanern die Spitzenplätze gesichert hatten. Erst der Sieg im Lesen und Zusammenfassen des Gelesenen, was doch ohne Kreativität und Imagination nicht zu haben ist, führt zu Schock, Wut und schließlich sogar Leugnung.[200] So etwas dürfen Ostasiaten einfach nicht können.

Der alte Rassismus über Maos »Ameisen«-Arbeiter aus der eigentumslosen Zeit dominiert noch einmal über das Ernstnehmen der großen Erfindungen – Sprengstoff, Kompass, Porzellan, Buchdruck, Papier, Seide etc. – aus dem noch feudalen Reich der Mitte. Natürlich kann solche Häme nicht ausbleiben. China tastet sich erst seit 1979 in die Eigentumswirtschaft vor. Südkoreaner und Taiwanesen beginnen in den späten 1950ern, die Japaner mit den Meiji-Reformen im späten 19. Jahrhundert. Peking hängt da noch nach, hat aber auch längst noch nicht alle Register gezogen. Selbst das *Property Law of the People's Republic of China* von 2007[201] lässt weitere Spielräume für die Dynamisierung durch die Transformation von weiterem staatlichem oder kommunalem Besitz zu Eigentum.

Das alles ist kein Thema bei PISA 2012. Im Westen sucht man Trost. Nicht *die* Chinesen gewinnen, sondern doch lediglich die 1,5 Prozent aus der unstrittigen

Elitestadt Schanghai an der Jangtse-Mündung. Und unter ihren Kindern werden in der Tat die Kinder der Wanderarbeiter nicht mitgetestet, weil sie – aufgrund des Hoku-Systems – am Herkunfts- und nicht am Arbeitsort der Eltern gemeldet sein müssen. Beides spielt offensichtlich eine Rolle, denn auch alle übrigen Ostasiaten werden durch Schanghai regelrecht deklassiert, obwohl sie ihrerseits den Rest der Welt weit hinter sich lassen.[202]

Doch solcher Trost währt nicht lange. Für Amerikas klügste Region, Boston mit Massachusetts, liegen nämlich ebenfalls gesonderte Daten aus PISA 2012 vor. Liegt man wenigstens in dieser Professorenstadt mit Schanghai gleichauf? Keineswegs! Nicht nur Shanghai-Chinesen glänzen heller als Amerikas intellektuelle Krone. Dasselbe schaffen – wenn auch nicht ganz so überlegen – Macao-, Hong Kong- und Taiwan-Chinesen sowie die Kinder aus Singapur, Südkorea, Japan, Liechtenstein und der Schweiz.[203] Anders als die deutschsprachigen Schweizer und Liechtensteiner bleibt Deutschland gegen Massachusetts allerdings chancenlos, obwohl es deutlich besser abschneidet als Italien und Frankreich (dazu mehr in Kapitel IV A).

Die USA können mit dem eigenen Nachwuchs allein China also ökonomisch nicht dauerhaft auf Abstand halten. China hat in der Gruppe der 10–14-Jährigen des Jahres 2010 (82 Millionen), die ab 2030 ins Berufsleben eintreten, mit rund 24 Millionen Mathe-Assen das Achtfache des US-Potenzials. Die Fünfjahres-Kohorte von 25–29 Jahren, die aktuell (ab 2020 gerechnet) innoviert und arbeitet, ist üppige 100 Millionen Köpfe stark. Mit sogar 130 Millionen sind die jetzt 30–34-Jährigen die größte Generation aller Zeiten.

Amerika müsste also noch mehr als bisher die Talente der übrigen Welt an sich ziehen, um weiter oben mitspielen zu können. Wenn das nicht gelingt, könnte der Tag kommen, an dem man den Zustand auch der einst unangefochtenen westlichen Top-Unternehmen daran bemisst, ob noch irgendjemand aus China daran interessiert ist, sie auszuspionieren oder gar aufzukaufen.

Wo nun liegen die Kognitionsreserven, ohne die Amerika und Westeuropa nicht mithalten können? Das soll ein globaler Überblick offenlegen.

III: Mathematischer Reichtum der Nationen

Wenn man eine keineswegs gering, sondern durchschnittlich qualifizierte Arbeitskraft mit einer hochbegabten bei der Ausführung einer Tätigkeit geringer Komplexität vergleicht, arbeitet der Könner bestenfalls um 50 Prozent produktiver. Selbst bei erhöhter Komplexität steigt die Produktivitätsüberlegenheit lediglich auf 125 Prozent. Bei sehr hoher Komplexität jedoch erreicht sie 800 Prozent. Bei solchen Leuten geht es um die schon 2020 fehlenden 40 Millionen[204] Hochbegabten für das Verbleiben der entwickelten Ökonomien im Spitzensegment von Hightech und Künstlicher Intelligenz. Erfolge im nie endenden Wettstreit um die bereits vorhandenen Asse entscheidet heute darüber, wer von den OECD-Staaten in zehn oder zwanzig Jahren oben noch dabei sein wird.

Lebendige Intelligenz kennt keinen abnehmenden Grenznutzen. Es trifft also nicht zu, dass die Menschen im besten Prozent der Nation (99–100) schwierigen Anforderungen in gleicher Qualität gerecht werden können. Noch das Viertelprozent 99,75–100 liefert mehr Spitzenleistungen (Patente, Nobelpreise, Opernpartituren etc.) als das Viertelprozent von 99,00 bis 99,25.[205]

Die Prognosen zur Wirksamkeit von Entwicklungshilfe, zum Absinken alter Industrie-Matadore und zum Aufstieg neuer Territorien liegen so oft daneben, weil Ökonomen mit einem Standardmenschen operieren, der überall dasselbe kann, solange nur der finanzielle Einsatz für Aufwachsen und Bildung vergleichbar hoch ausfällt. Die Gelehrten erwarten also, dass bei freiem Zugang zu Kapitalmärkten und ähnlichen Summen für Humankapital keine signifikanten Kompetenz-Unterschiede zu erwarten sind.[206]

Diese liebenswerte Annahme hat den Vorteil, dass sie sich testen lässt. So verdoppelt sich in den USA zwischen 2015 und 2018 die Nachfrage nach Spezialisten für Künstliche Intelligenz.[207] Zwei Fünftel der Offerten bleiben trotz Jahresgehältern um 120 000 US-Dollar aber mehr als zwei Monate lang unbesetzt. Nach der akademischen Lehre müssten solche Lohnangebote die Investitionen in Humankapital so lange steigern, bis der Bedarf nicht nur gedeckt ist, sondern sogar überboten wird, so dass die Konkurrenz um die hohen Gehälter diese wieder dem Durchschnitt annähert. Das aber passiert weder in den USA noch andernorts.

Es gibt nämlich eine entscheidende Ressource, die selbst mit üppigster Kapitalausstattung – zumindest bisher – nicht ausreichend bereitgestellt werden kann. Es geht um die mathematische Kompetenz. Sie wächst keineswegs global im Gleichschritt mit dem Anstieg der Kinderzahlen, denn bisher kann man nicht gezielt erlernen, ein Ass in Mathematik zu sein. Finanzielle Einsätze für die heutige und erst recht zukünftige Spitzen-Kompetenz können in einem Land bedrückend geringe Resultate erbringen, während sie in einem anderen selbst bei geringen Ausgaben üppig heranwächst. Gleichwohl lohnt es sich, womöglich unerkannte Talente gezielt zu suchen, in besonders anregende Erziehungsmilieus zu überführen. Eine bessere Ausschöpfung vorhandener Pozentiale wird damit möglich.[208] Gleichwohl sind solche Optimierungen des Bestands nicht zu verwechseln mit seiner beliebigen quantitativen Vermehrung.

So liegen etwa in Schweden die Bildungsausgaben pro Kopf rund doppelt so hoch wie in Südkorea oder Singapur.[209] Gleichwohl haben die Ostasiaten acht- bzw. zehnmal so viele Kinder in der höchsten Mathematik-Leistungsstufe (»advanced«) wie die Skandinavier (TIMSS 2015[210]). Chile, um Lateinamerikas bildungsstärkstes Land zu beleuchten, gibt gut halb so viel aus wie Hongkong,[211] hat aber keineswegs auch halb so viele Kinder wie der Stadtstaat in der Spitzengruppe. Das wären 220 von 1000 Kindern. Tatsächlich aber sind es nur zehn.[212]

Gleichwohl gibt es – vor allem in Subsahara-Afrika – noch Gebiete, in denen Verbesserungen der Ernährung, Infektionsbekämpfung und öffentlichen Erziehung zu Kompetenzsteigerungen führen.[213] Da gibt es sogar signifikante Vorteile für die Nachhinkenden. Nationen mit einer *Cognitive Ability* von 70 können 15 oder mehr Punkte zulegen. Aber man kann keine 90er-Nation um 15 Punkte auf 105 steigern. Schon 10 Punkte zusätzlich wären ein überwältigender Erfolg. Und bei einer 100er-Nation gelingen nicht einmal fünf Punkte bis auf 105. Schon einer oder zwei wären außergewöhnlich.[214]

Verlierer können nach vorne kommen, bisherige Sieger können nachlassen – und eben das geschieht. Die OECD-Staaten überschreiten bereits 1995 das Maximum dessen, was mit finanziell beeinflussbaren Erziehungsfaktoren erreichbar ist. Seitdem kehrt sich der *FLynn*-Effekt – IQ-Anstieg bis etwa 1995 benannt nach seinen Entdeckern Richard *Lynn* und James R. *Flynn* – in etlichen westlichen Ländern um.[215]

Durchaus erschütternd wirkt dabei die Nachricht, dass selbst in Dänemark der IQ abrutscht.[216] Ebenfalls bewunderte Musternationen wie Finnland[217] und Norwegen[218] erleiden dasselbe Schicksal. Niemand hatte mehr für finanziell beeinflussbare Faktoren der Intelligenzentwicklung getan als Kopenhagen. Die beitragsfreie Erziehung für Drei- bis Sechsjährige wird von 98 Prozent der Kinder wahrgenommen. Kein Land zahlt mehr für die frühkindliche Erziehung als Dänemark. Vom Bruttosozialprodukt her setzt es beispielsweise gut doppelt so viel ein wie Deutschland, das sich vom Aufschließen zu den dänischen Investitionen eine Verlangsamung beim weiteren Abrutschen des eigenen Nachwuchses erhofft.

Regelmäßig versprechen etwa deutsche Ökonomen, dass die Bundesrepublik technologisch wieder nach vorne kommen werde, wenn es nur mehr Geld nicht nur in die marode[219] Infrastruktur, sondern auch in die Bildung stecke.[220] Solche Behauptungen wären leicht zu überprüfen. So gibt Deutschland rund 50 Prozent mehr pro Kind aus als Ungarn.[221] Gleichwohl sind – bei TIMSS 2015 – unter 1000 ungarischen Kindern 126 in der mathematischen Spitzengruppe, in Deutschland aber nur 53.[222] Das inspiriert die Gelehrten allerdings nicht zum Nachdenken, sondern lediglich zu einer höheren Frequenz beim Wiederholen ihrer immer wieder scheiternden Vorschläge.

Was man durch ein Maximum an medizinischer und pädagogischer Versorgung erreichen kann, hat Dänemark besser als jede andere Nation umgesetzt. Bei nur ein bis zwei Kindern pro Frau könnte es die Steigerung der Zuwendungszeit pro Sprössling durch eine weitere Geburtenverringerung nur um den Preis des Untergangs erreichen. Auch dieses Mittel ist endgültig ausgereizt. Der Kompetenzrückgang führt bereits zur Abwanderung der gerade durch ihn fürs eigene Land pessimistisch werdenden Talente: »Dänemark erlebt einen Abfluss seiner besten Arbeitskräfte.«[223] Sein Vorzeigeunternehmen Lego kämpft unter Mithilfe von Tencent aus Shenzhen ums Überleben.[224]

Kopenhagens U-Bahn-System wird nicht von Dänen oder anderen Europäern, sondern von Hitachi aus Japan automatisiert und roboterisiert.[225]

Gleichwohl eifern viele immer noch hoffnungsvoll den skandinavischen Pädagogen nach. Doch das Anheben ganzer Nationen auf das Klugheitsniveau der Musterschüler Ostasiens scheint damit nicht möglich zu sein. Die stehen ja oben, obwohl für sie weniger ausgegeben wird als bei der europäiden Konkurrenz. Der Befund der heimischen IQ-Schrumpfung wird als so bitter empfunden, dass der renommierte *Economist* in einem *Special Report* vom 5. Januar 2019[226] zwar Dänemarks frühpädagogische Vorbildrolle wortreich preist, den bereits 2008 ermittelten dänischen IQ-Rückgang aber schamhaft verschweigt. Bei Beurteilung dieser journalistischen Missetat ist zu bedenken, dass der Westen mit der Kollektiverziehung selbst für die Kleinsten gerade seinen letzten Pfeil gegen weiteres Zurückfallen abschießt. Wer wollte da spielverderbend dazwischenrufen, dass er nach bestem Wissen und Gewissen danebengehen wird?

Ohnehin besuchen schon 80 Prozent der OECD-Jüngsten Krippen und Kindergärten. Würden sich nicht die Eliten gegen die Massenkindhaltung ihres Nachwuchses wehren, wäre man nahe der 100 Prozent-Totale. In den USA jedoch sind bisher nur gut 50 Prozent kollektiviert. Kalifornien – höchste Migranten- und Armutsquote, schlechteste Schüler sowie höchste Mittelschichtabwanderung in Nordamerika –

will mit einem kostenlosen »Birth to five«-Programm das letzte Ass jetzt erst ausspielen. Bis das Scheitern dieses Vorhabens bewiesen ist, kann sich die Demokratische Partei des charismatischen Gouverneurs Gavin Newsom zwanzig Jahre lang in Hoffnung wiegen. Darf man da einfach mit den deprimierenden Skandinavien-Befunden die Begeiserung dämpfen?[227] Will man Kalifornien gar mit 2019er Befunden aus Deutschlands Hauptstadt Berlin irritieren? Dort hat ein volles »Drittel der Fünfjährigen vielfältige Störungen – auch dann, wenn sie eine Kita besucht haben.«[228]

Am naheliegendsten für die Amerikaner wäre ein Blick in die kanadische Provinz Québec. Sie bietet vom ersten bis zum fünften Lebensjahr ein generöses Angebot, das 300 000 Kinder versorgt. Es kostet fünf bis siebzehn Dollar am Tag, wird mit zwei Milliarden Dollar jährlich subventioniert und erfreut sich seit 1997 stetiger Optimierung: Seine Begleitforscher haben sich nicht nur die kognitive Kompetenz angeschaut, sondern gleich das gesamte Lebensschicksale der Zöglinge in den Blick genommen:

> *»Wir stellen fest, dass die negativen Folgen für die nicht-kognitive Entwicklung bis ins Schulalter andauerten, und dass selbst die Kohorten mit erhöhtem Zugang zur Kinderbetreuung im späteren Leben einen schlechteren Gesundheitszustand, niedrigere Lebenszufriedenheit und höhere Kriminalitätsraten aufweisen.«*[229]

Die Befunde der Empiriker beleidigen unsere nobelsten Gleichheitsideale und höchsten pädagogischen Erwartungen, die wir – ich war allein schon von Berufs wegen Jahrzehnte dabei[230] – doch für die gesamte Menschheit hegen und mit immer neuen Milliardenbeträgen herbeisubventionieren wollen. Noch ist das stetige pädagogische Scheitern kaum registriert oder gar verdaut. Noch sind gewaltige Bürokratien mit hohen Budgets unermüdlich an der Arbeit für jede nur denkbare Niveauanhebung. Sicher ist bisher nur, dass zum reichsten Menschen der Geschichte würde, wer endlich eine Pille oder Methode erfände, deren Verabreichung Durchschnittskinder in Matheasse transformiert.

Bis es so weit ist, kann die Wirksamkeit immer »neuer« pädagogischer Revolutionen, die doch meist alte Hüte sind, lediglich vorgetäuscht werden. Für sie gilt ohnehin, dass Förderung zwar wirken kann, aber keine Gleichheit bringt, sondern die Ungleichheit vergrößert. Das kann nicht anders sein, weil auf den vielfältigen Wegen der Betreuung diejenigen am meisten mitnehmen, die sie mit der besten Auffassungsgabe beschreiten. Deshalb kann nicht überraschen, dass im Zeitalter des Breitband-Internet, das doch »allen« jegliches Wissen zugänglich macht, die Produktivität und die Einkommen der Kompetenten wuchtig ansteigen, der Abstand zu »allen« übrigen also keineswegs geringer, sondern größer werden muss.[231] Mit anderen Worten: Was immer das Geistige erweitert, bringt die Menschen geistig weiter auseinander. Deshalb gehört den Nationen die Zukunft, die beim Anteil der Könner an der Gesamtbevölkerung von vornherein in Führung liegen. Es sind nicht in die Schulklassen gestellte Computer, die aus den Kindern etwas machen, sondern die Kompetenzen der Kinder, die dafür sorgen, dass diese Geräte nicht nach kurzer Zeit als Sondermüll entsorgt werden müssen.

Gleichwohl sollte man das hinreißende Ideal von der gleichen Kompetenz aller Menschen gegen Demontageversuche verteidigen. Bisher kann schließlich niemand mit überprüfbaren Befunden erklären, warum der eine trotz schlechterer Umstände besser rechnen kann als der andere. Das pädagogische Ethos, aufgrund dessen für jedes Kind immer wieder alles eingesetzt wird, gehört zu den zeitlosen Kostbarkeiten des Menschengeschlechts.

Übrigens begegnet uns eine vergleichbare Enttäuschung unserer edelsten Überzeugungen auch bei der langwierig erkämpften und kaum weniger kostspieligen Gleichbehandlung der Geschlechter.

Frauenanteil unter STEM=MINT-Absolventen (Mathematik, Informatik, Naturwissenschaft, Technik). Die senkrechte Skala (Y-Achse) zeigt das Ausmaß der praktisch umgesetzten Chancengerechtigkeit für Frauen. 100 stände für totale Gleichheit. Die waagerechte Skala (X-Achse) zeigt den weiblichen Prozentsatz an STEM=MINT-Absolventen in ausgewählten Ländern.
[www.theatlantic.com/science/archive/2018/02/the-more-gender-equality-the-fewer-women-in-stem/553592/]

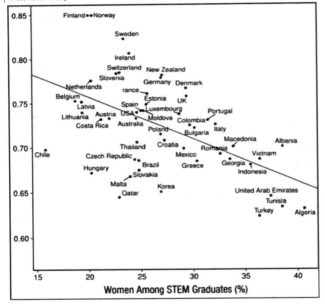

Wenn Mädchen endlich alle Entwicklungswege offenstünden und noch Sonderförderungen hinzukämen, so die zuversichtliche Erwartung, würden sie in den Natur- und Ingenieurwissenschaften mit den Jungen gleichziehen und der Menschheit einen nie gekannten Erfindungsgeist bescheren. Und doch sind es wiederum die skandinavischen Sozial-Pioniere, bei denen die Früchte all dieses Strebens einfach nicht reifen wollen. Je näher die Mädchen an die totale Chancengleichheit herankommen und je besser ihre Schulnoten auch in den harten Fächern werden, desto entschlossener wenden sie sich im Studium von ihnen ab. Bei PISA 2015 sind 41 Prozent der Kinder mit den besten Noten in naturwissenschaftlichen Fächern weiblich, aber bei OECD-Universitätsabsolventen von MINT-Fächern sind es zwischen 2012 und 2015 nur 28 Prozent.[232] Der erhoffte Vorsprung gegenüber Konkurrenznationen mit traditionellerer Mädchenerziehung kann – zumindest bisher – nicht ökonomisch ausgemünzt werden.

Doch zurück zur Kompetenz der Nationen und ihrem Wettkampf um die Klugen! Wer morgen noch im Spitzenfeld mitmischen will, benötigt nicht nur ihre Bestandserhaltung, sondern ihre stetige Steigerung. Bis zum Ende der 1960er Jahre können etwa in Westdeutschland 4,5 von 7,2 Millionen Industriearbeitern (63%) ohne zwingende betriebliche Ausbildung den Anforderungen gerecht werden.[233] In einem Hochlohnland wie der Schweiz sind es aktuell jedoch nur noch 20 Prozent der Industriearbeiter und 15 Prozent aller Beschäftigten.[234] Bis 2030 prognostiziert das Bundesarbeitsministerium für Deutschland den Wegfall von Arbeitsplätzen für drei bis vier Millionen Ungelernte oder Angelernte.[235] Das halbiert deren aktuellen Anteil an allen Beschäftigten von 20 auf nur noch 10 Prozent.

Über 2030 hinaus könnten bis zu 95 Prozent aller Funktionen in den Topnationen geistiges Nachvollziehen der ausgeübten Tätigkeiten (Durchblick) erfordern. Schon 2012 aber schneiden etwa in der Berliner Republik 30 Prozent der Kinder von Altdeutschen (heute gut 60 Prozent aller Neugeborenen) und 50 Prozent der Kinder von Migranten (heute knapp 40 Prozent der Neugeborenen) in Mathematik mangelhaft, ungenügend oder noch schlechter ab.[236] Der Abstand für Fünfzehnjährige in Mathematik beträgt zwischen Altdeutschen und Migranten 54 Punkte bzw. zwei Schuljahre.[237] Das bedeutet potenziell ein Versagen von 40 Prozent des gesamten Nachwuchses. Man zieht also viermal mehr schwer Beschulbare auf, als später auf Arbeitsmärkten vermittelbar sind. Doch auch diese Kinder behalten ihre Menschenwürde und müssen womöglich lebenslang anständig bezahlt werden. Sollte das die weiterhin Leistungsfähigen entmutigen und in die Auswanderung treiben, kollabiert der Sozialstaat.

Nur bei stetiger Überqualifikation, also einem aktuell nicht abgerufenen Überschuss an Kompetenz, stehen die Kräfte für noch unbekannte Anforderungen der morgigen Konkurrenz zur Verfügung. Der entscheidende Wettbewerb findet also nicht um die heute nachgefragten – und von Beamten brav gezählten – Klempner oder Programmierer statt, sondern um die kognitiven Reservearmeen für die übermorgen zu gründenden Firmen. Ostasiens Überlegenheit in diesem Rekrutierungsfeld erklärt, warum seine Nationen wie Korken nach oben schießen, sobald die Operationen des Eigentums – Verschulden, Innovieren, durch Verkauf der Vollstreckung entgehen und die nächste Runde starten – zu bis dahin brach liegenden Kompetenzen hinzutreten.

Nun mag man die Naivität der Humankapital-Volkswirte getrost als irrelevant beiseitelassen. Sie treffen den Bürger lediglich in seiner Funktion als Steuerzahler, in der er ohnehin wehrlos ist. Vor allem staatliche Entwicklungshilfe folgt den Ratschlägen dieser Ahnungslosen. Sie führt etwa zu dem wirkungslosen Verpuffen der rund 1,5 Billionen US-Dollar (1 Billion bis 2010[238]), die seit 1960 in die technologische Anhebung Afrikas fließen.[239] Diese Beträge werden den Durchschnittsverdienern der OECD abgenommen und den Reichen der Dritten Welt zugeschoben. Sie sind keineswegs gänzlich wirkungslos, weil diese Eliten einen Teil der Beträge ihren lokalen Dienstkräften auszahlen.

Ihre generelle Vergeblichkeit zeigt sich jedoch daran, dass im Subsahara-Raum die absolute Armut (Bevölkerung mit höchstens 1,90 Dollar pro Kopf und Tag) nicht – wie im Rest der Welt – sinkt, sondern allein zwischen 2014 und 2015 um neun auf insgesamt 413 Millionen zulegt. 2030 sollen dort sogar 90 Prozent aller global Armen beheimatet sein.[240] Doch insgesamt geht es lediglich um Ausgaben in Höhe von vier Griechenlandrettungen à 350 Milliarden Euro.[241] Die haben das kleine Land ja auch nicht fit für die Weltmärkte gemacht, sondern weiter in Rückstand gebracht. Was sollte also herauskommen für einen Raum, der demografisch hundert Griechenlands beherbergt (1,1 Milliarden zu 11 Millionen) und diesen Überschwang bis 2050 noch einmal verdoppeln wird? Das Klagen über die verschleuderten Beträge wirkt insofern durchaus erbärmlich.

Erstaunlicher als die staatlichen Vergeudungen muss anmuten, dass selbst professionelle Anlageberater die Human-Kapital-Irrungen – bei genügend Geldeinsatz lernt jeder alles – entschlossen mittragen. Exemplarisch dafür steht im Jahr 2001 Jim O'Neill als Goldman-Sachs-Chef für Asset Management. Er überrascht die Welt mit beherzten Kaufempfehlungen für die *B*RIC-Staaten *B*rasilien, *R*ussland, *I*ndien und *C*hina.[242] Sie beruhen auf der Annahme einer weitgehend gleichen Aufschwungs-Geschwindigkeit mit stetigen Ertragszuwächsen, liegen aber ungemein kräftig daneben.

So steht im Jahre 1980 China beim Pro-Kopf-Einkommen mit Indien lediglich gleichauf. 2018 aber steht es nicht mehr 1:1, sondern 5:1 für China. Brasilien führt beim Pro-Kopf-Einkommen gegen China 1980 mit 4:1. Heute marschiert es Richtung 1:2. Russland prunkt 1980 gegen China mit einem 10:1 und ist mittlerweile runter auf 1:1. Südafrika, das BRIC zu BRICS erweiterte, glänzt 1980 mit 9:1 gegen China, das heute mit 1,5:1 gegen den ehemaligen Apartheidstaat führt.[243]

Doch das Pro-Kopf-Einkommen ist keineswegs eine nicht weiter hinterfragbare Primärgröße, sondern immer auch Ergebnis der Kompetenz einer Nation. Um die sollte es nach unserer umweltorientierten Pädagogik in China aber noch schlechter stehen als bei den übrigen vier BRICSern. Immerhin hatte Mao in seiner »Kultur-Revolution« ab 1966 die Bildungseinrichtungen einfach zugesperrt. Die meisten Universitäten werden – nach blutigen Verfolgungen der Intelligenz – erst 1972 wieder geöffnet.[244] Und doch erreichen Kinder von chinesischen Fabrikarbeitern oder Putzfrauen bei PISA 2012 bessere Prüfungsergebnisse als etwa der Nachwuchs von Anwälten und Ärzten aus Großbritannien[245], wo die Schulen immer offen waren.

Die selbst durch Bildungsverhinderung nicht zerstörte Kompetenz der Ostasiaten zeigt sich bereits vor PISA 2012 an der für 2010 errechneten *Cognitive Ability* (CA). Dabei liegt China keineswegs hinter den unterbrechungslos Beschulten, sondern vor ihnen. Rassismus äußert sich fast immer darin, fremde Kompetenz zu bestreiten und die eigene zu überhöhen. Chinas Kompetenz aus den Analysen herauszuhalten, liefert eine Facette dieses Übels. Es kann aber auch kein »Weißer« Ostasiaten Rassismus vorhalten, weil ihre Kinder so viel besser in der Schule abschneiden. Das können sie mit objektiven Messergebnissen untermauern. Eine antirassistische Politik kann sich nur ehrlich machen, wenn Überlegenheit anerkannt und nicht einfach stumm übergangen wird. Zu ihr gehört aber auch, eine eigene Unterlegenheit zu akzeptieren und nicht mit Angriffen auf einen vermeintlichen Rassismus ihrer Ermittler oder gar ihrer Messinstrumente abzuleugnen.

Cognitive Ability (CA; unkorrigiert) der BRIC-Staaten (1. Zeile: Gesamtwert; 2. Zeile: IQ-Wert für die besten 5 Prozent des Landes)[246]			
Brasilien	Russland	Indien	China
CA 86	CA 98	CA 80	CA 103
IQ 107	IQ 118	IQ 103	IQ 120

Zur Überlebensfähigkeit einer selbst durch Schulschließung nicht auslöschbaren Kompetenz passt der ganz aktuelle Befund, dass Schulleistungen am stärksten durch die elterliche Herkunft, am zweitstärksten durch den elterlichen Erziehungsstil und erst an dritter Stelle durch die Geldmittel bestimmt werden, die Eltern oder andere Instanzen für Bildung einsetzen können.[247]

CA und IQ korrelieren hoch (über 0.9[248]) mit mathematischer Leistungsfähigkeit. Es sieht mithin so aus, dass man nicht nur nicht einfach lernen kann, ein Mathe-Ass zu werden, sondern dass man die dazugehörige Denkfähigkeit auch nicht wieder los wird. So kann, wie Xiaobo Zhang und seine Mitarbeiter von Pekings Baida-Universität zeigen, eine chronische Smogbelastung zwar die verbalen Fähigkeiten signifikant reduzieren, aber den Rechenkünsten nichts anhaben.[249]

Kinder sind die Zukunft. Was lässt sich aufgrund ihrer Leistungsfähigkeit über das Morgen voraussagen? Die 2005 Geborenen aus rund siebzig Nationen unterziehen sich den Tests der TIMSS-Olympiade 2015. Gehen wir davon aus, dass die 2009 Geborenen ähnlich abschneiden, dann hängt die ökonomische Potenz der kommenden Jahrzehnte an den Innovatoren der Fünfjahreskohorte 2005–2009, die ab 2030 ins Berufsleben eintreten. Zwischen dem 25. und dem 29. Geburtstag entscheidet sich gewöhnlich, ob man Winner oder Loser wird. Niemals muss man fürs Hochkommen mehr Energie einsetzen als in diesem halben Jahrzehnt.

Wir wissen, wie viele Kinder es pro Teilnehmerland gibt (UN DESA/Population Division[250]) und wir kennen den Prozentsatz der Besten in der höchsten Mathematik-Leistungsgruppe (»advanced«) aus TIMSS 2015. Da China bei TIMSS nicht teilgenommen hat, aber die Chinesen von Taiwan (35% »advanced«), Honkong (45%) und Singapur (50%) eine Annäherung erlauben, wird für das Hauptland der bewusst geringer gehaltene Satz von 30 Prozent angenommen. Er mag höher liegen. Da repräsentative Ergebnisse jedoch nicht vorliegen, muss konservativ geschätzt werden. Selbst wenn man auf 25 Prozent heruntergänge, beherbergt China in der ab 2030 aktiven Fünfjahres-Kohorte rund zwei Drittel der bei TIMSS erfassten Asse weltweit.

Chinas Fünfjahres-Kohorte 25–29, die ab 2020 die Welt herausfordert, ist um 18 Millionen Köpfe stärker als die spätere von 2030. Aktuell tritt also eine optimal-aktive Kohorte an, die von der hier aufgelisteten

Ländergruppe rund drei Viertel der Asse beherbergte. Auch die 2020 bereits 30–34-jährigen Chinesen gehören noch nicht zum alten Eisen. Bei ihnen geht es mit fast 130 Millionen um die zahlenmäßig stärkste Fünfjahreskohorte der Weltgeschichte. Die zweitstärkste stellen mit 126 Millionen die jetzt 10–14-jährigen Inder, die allerdings aus rund 2000 verschiedenen Ethnien kommen.

Auch die Schweiz ist bei TIMSS 2015 nicht dabei, landet bei PISA 2015 in Mathematik aber direkt hinter den Ostasiaten und wird deshalb mit 25 Prozent den »advanced« zugeschlagen. Vom United Kingdom nimmt neben England (rund 85 % der Gesamtbevölkerung) auch Nord-Irland teil. Mit 27,4 Prozent seiner Kinder in der Mathe-Spitzengruppe ist es die Nummer eins in Europa. Sein Anteil an Migranten, die außerhalb Europas geboren wurden, liegt mit nur 2,5 Prozent zugleich besonders niedrig.[251]

Bemerkenswert ist, dass die ostasiatischen Musterschüler in der Selbsteinschätzung ihres Könnens weit abgeschlagen am Ende liegen (weniger als 20 Prozent trauen sich etwas zu gegenüber 35–40 Prozent im Westen).[252] Da sie beim gezeigten Können unangefochten an der Spitze liegen, mag dieses Talent zum Selbstzweifel als zusätzliche Mitgift für die Forschung taugen. Auch auf einer internationalen Glücksskala schneiden die ostasiatischen Staaten nur mittelmäßig ab,[253] obwohl sie etwa bei der Lebenserwartung im Spitzenfeld liegen oder dorthin tendieren.[254] Auch diese Lebensskepsis inspiriert eher zu gesteigerter Aktivität als zu einem entspannten Zurücklehnen.

ANTEIL der Mathe-Asse an der Fünfjahres-Kohorte 2005–2009 (errechnet für 2020), die ab 2030 ins Berufsleben eintritt. Sie zeigt den Anteil in der besten Mathematik-Leistungsstufe (»advanced«) bei TIMSS 2015[255] an der Gesamtzahl der Kinder der hier ausgewählten 35 Länder.[256]

Land	Absolute Menge in 2005–2009-Kohorte	Anteil (%) in höchster (»advanced«) TIMSS-Gruppe	Absolute Zahl an Matheassen in der Fünfjahreskohorte
Singapur	0,30 Mill.	50,1 %	0,15 Mill.
Hongkong	0,29 Mill.	44,8 %	0,13 Mill.
Südkorea	2,30 Mill.	40,9 %	0,94 Mill.
Taiwan	1,00 Mill.	35,3 %	0,35 Mill.
Japan	5,60 Mill.	32,2 %	1,80 Mill.
China (interpoliert aus Sino-Staaten)	82,20 Mill.	30,0 %	24,66 Mill.
Schweiz (interpoliert aus PISA 2015)	0,41 Mill.	25,0 %	0,10 Mill.
Russland	7,90 Mill.	19,8 %	1,56 Mill.
England (ohne bessere Nordiren + Schotten)	3,40 Mill.	16,8 %	0,57 Mill.
Kasachstan	1,60 Mill.	16,1 %	0,26 Mill.
USA	20,90 Mill.	14,2 %	2,97 Mill.
Irland	0,36 Mill.	14,1 %	0,05 Mill.
Norwegen	0,32 Mill.	14,0 %	0,045 Mill.
Ungarn	0,48 Mill.	12,6 %	0.06 Mill.
Portugal	0,49 Mill.	12,3 %	0,06 Mill.
Dänemark	0,34 Mill.	12,0 %	0,041 Mill.
Serbien	0,48 Mill.	10,0 %	0,048 Mill.
Bulgarien	0,35 Mill.	9,8 %	0.034 Mill.
Flandern/Belgien	0.38 Mill.	9,6 %	0,036 Mill.
Polen	2,00 Mill.	9,6 %	0,19 Mill.
Australien	1,60 Mill.	9,2 %	0,15 Mill.
Finnland	0,31 Mill.	8,2 %	0,025 Mill.
Tschechien	0,57 Mill.	7,8 %	0,044 Mill.

Land	Absolute Menge in 2005–2009-Kohorte	Anteil (%) in höchster (»advanced«) TIMSS-Gruppe	Absolute Zahl an Matheassen in der Fünfjahreskohorte
Neuseeland	0,33 Mill.	5,9 %	0,019 Mill.
Kanada	2,10 Mill.	5,6 %	0,12 Mill.
Deutschland	3,60 Mill.	5,3 %	0,19 Mill.
Schweden	0,60 Mill.	5,2 %	0,031 Mill.
Türkei (Top-Islam)	6,70 Mill.	4,7 %	0,31 Mill.
Italien	2,80 Mill.	4,2 %	0,12 Mill.
Niederlande	0,94 Mill.	3,8 %	0,036 Mill.
Spanien	2,50 Mill.	3,4 %	0,085 Mill.
Kroatien	0,22 Mill.	2,7 %	0,006 Mill.
Frankreich	4,00 Mill.	2,5 %	0,10 Mill.
Iran	6,40 Mill.	1,2 %	0,08 Mill.
Chile (Top-Latein-A.)	1,30 Mill.	1,1 %	0,014 Mill.

RANGFOLGE DER ANZAHL VON MATHE-ASSEN

der fünf Geburtsjahrgänge 2005–2009, errechnet aus dem Prozentsatz der Viertklässler bei TIMSS 2015 in der »advanced«-Gruppe. Die Anzahl ist errechnet für das Jahr 2020. Ab ca. 2030 treten die 2020 noch als Kinder klassifizierten Test-Teilnehmer ins Berufsleben ein. Die 35 Nationen haben zwischen 1% und 50% ihrer Kinder in der »advanced«-Gruppe. Die »advanced«-Prozentsätze für den Jahrgang 2005 stehen in Klammern hinter den Absolutzahlen (alles gerundet).

[TIMSS Mathe-Resultate für Viertklässler siehe H. Wendt et al. *TIMSS 2015*, Münster/New York: Waxmann, 2016; S. 115; s. a. https://edudoc.ch/record/125774/files/3566Volltext.pdf; timssandpirls.bc.edu/timss2015/international-results/wp-content/uploads/filebase/full%20pdfs/T15-International-Results-in-Mathematics.pdf; Zugriff 6. März 2019; zu den Kohortengrößen vgl. UN DESA Population Division, »World Population Prospects 2017: Data Query«, 2019; https://population.un.org/wpp/DataQuery/; Zugriff 8. März 2019]

#	Land	Anzahl	#	Land	Anzahl
1	China (interpoliert aus Sino-Staaten)	**24.660.000** (30,0%)	19	Spanien	**85.000** (3,4%)
2	USA	**2.970.000** (14,2%)	20	Iran	**80.000** (1,2%)
3	Japan	**1.800.000** (32,2%)	21	Ungarn	**60.000** (12,6%)
4	Russland	**1.560.000** (19,8%)	22	Portugal	**60.000** (12,3%)
5	S.-Korea	**940.000** (40,9%)	23	Irland	**50.000** (14,1%)
6	England (ohne N.-Iren/Schotten)	**570.000** (16,8%)	24	Serbien	**48.000** (10%)
7	Taiwan	**350.000** (35,3%)	25	Norwegen	**45.000** (14%)
8	Türkei	**260.000** (4,7%)	26	Tschechien	**44.000** (7,8%)
9	Kasachstan*	**260.000** (16,1%)	27	Dänemark	**41.000** (12,0%)
10	Polen	**190.000** (9,6%)	28	Flandern/B	**36.000** (9,6%)
11	Deutschland	**190.000** (5,3%)	29	Niederlande	**36.000** (3,8%)
12	Singapur	**150.000** (50,1%)	30	Bulgarien	**34.000** (9,8%)
13	Australien	**150.000** (9,2%)	31	Schweden	**31.000** (5,2%)
14	Hongkong	**130.000** (44,8%)	32	Finnland	**25.000** (8,2%)
15	Kanada	**120.000** (5,6%)	33	Neuseeland	**19.000** (5,9%)
16	Italien	**120.000** (4,2%)	34	Chile	**14.000** (1,1%)
17	Schweiz (PISA-2015-interpoliert)	**100.000** (25,0%)	35	Kroatien	**6.000** (2,7%)
18	Frankreich	**100.000** (2,5%)			*Kasachstan bei PISA 2015 schwächer

Hätte **Indien** bei TIMSS 2015 mitgemacht, wäre aufgrund des PISA-Fiaskos von 2009 (72. von 74 Plätzen) bei **absoluten** Zahlen ein Ergebnis zwischen Japan und Russland zu erwarten gewesen.

IV A: Wird West-Europa noch einmal gescheit?

1919 hat Deutschland 61 Millionen Einwohner und stellt 3,3 Prozent der Weltbevölkerung mit einem Durchschnittsalter von 28 Jahren.[257] 2019 sind es 62 Millionen Altdeutsche – 0,8 Prozent der Weltbevölkerung – mit einem Durchschnittsalter von 47 Jahren. Zu ihnen gesellen sich 20 Millionen Menschen mit Migrationshintergrund, deren etwas geringeres Durchschnittsalter einen Gesamtschnitt von 44 Jahren ergibt. Im Osten Deutschlands (ehemalige DDR) ist die Bevölkerung sogar auf das Niveau von 1905 zurückgefallen.[258]

Für heißblütige Bewegungen von Anti- oder Pro-Deutschen fehlt schlichtweg das Personal. Eine wie auch immer charakterisierte »deutsche« Frage hat sich damit von selbst erledigt. Mit einem Kriegsindex von 0,65 folgen auf 1000 Rentennahe im Alter von 55 bis 59 Jahren nur noch 650 Jünglinge im Alter von 15 bis 19 Jahren. Für Idealismus und Bereitschaft zu irgendeinem Heldentod oder Martyrium taugt das nicht. Es erhellt allerdings die bizarren Rituale europäischer Politiker. Sie betteln sich heute für ein paar hundert Soldaten zum Mali- oder Nigereinsatz an und schicken morgen tränennahe Dankgebete an die Europäische Union, weil die allein sie davon abhalten könne, wieder mit millionenstarken Armeen übereinander herzufallen. Solche Truppenstärken gibt es aus eigenem Nachwuchs niemals wieder.

Seit 1955 holt die Bonner Republik Gastarbeiter ins Land.[259] Eine solche Maßnahme ist keineswegs abwegig, solange Schulabschlüsse kontrolliert, also Zukunftsfähigkeiten vorab getestet werden. Genau das aber unterbleibt. Man richtet sich ausschließlich nach dem Bedarf der Firmeneigentümer. Zukunftsinteressen der Gesamtnation werden weder formuliert noch auch nur erahnt. Inzwischen haben die Zuwanderer selbst wieder Kinder und Enkel und gemeinsam mit den Altdeutschen stellen sie sich seit 2007 der internationalen Schüler-Olympiade (TIMSS). Nach einem schon schwer verdaulichen 12. Rang bei der Premiere geht es dann nur noch bergab mit dem 16. Platz im Jahre 2011 und dem 24. im Jahr 2015. Parallel sackt man bei der Lesefähigkeit von Viertklässlern zwischen 2001 und 2016 vom 5. auf den 21. Platz (PIRLS in 57 Ländern).

Schon 2012 gibt es bei PISA eine Sonderauswertung für den altdeutschen Nachwuchs und für den mit Migrationshintergrund. Bei den Migranten gibt es unter 1000 Kindern 13 Mathe-Asse. 63 finden sich bei den Altdeutschen. Beide Spitzensegmente können es mit den Besten der Welt aufnehmen. Dreißig Prozent der Altdeutschen schneiden in Mathematik allerdings mangelhaft, ungenügend oder schlechter ab. Bei den Migrantenkindern der zweiten Generation sind es sogar 51 Prozent, obwohl sie von der Krippe an alle nur denkbaren Erziehungsleistungen kostenlos erhalten haben.[260]

Mittlerweile kommen aus diesem Bevölkerungssegment fast 40 Prozent der Neugeborenen. Nichts spricht mithin für ein Überwinden des Bildungsfiaskos, vielmehr alles für seine Ausweitung. Dazu trägt auch bei, dass Berechnungen zum jährlichen Nettozuwanderungsbedarf – mal 400 000, ein andermal 260 000[261] – nur auf die Menge fokussieren, aber die benötigte *Cognitive Ability* niemals quantifizieren.

Diese Vernachlässigung des Wichtigsten jeder Einwanderungspolitik hat Angela Merkel zwar nicht verstanden und obendrein massiv fortgeführt, aber keineswegs in Gang gesetzt. Als erstes Land der Geschichte – ohne effektive Alternativen – den gleichzeitigen Ausstieg aus den Nuklearmeilern (ab 2011) und den Kohlekraftwerken (ab 2019) durchzudrücken, ist in der Tat ihr und einem gehorsamen Parlament anzulasten. Selbst das *Wall Street Journal* mit seiner langen Tradition deutschlandbewundernder Berichterstattung bezeichnet dieses Vorgehen als »dümmste Energie-Politik der Welt«.[262] Eine Wirtschaft, die im ganz hohen Hightech-Segment bereits nicht mehr mithalten kann, wird durch die höchsten Strompreise[263] der Industrieländer auch in den noch verteidigten Sektoren – Maschinen- und Autobau – durch die eigene Regierung am Vorankommen gehindert. Unterdessen profitiert China daheim von einem Kohleboom und kann sich – mit Umweltstandards oberhalb der amerikanischen und europäischen[264] – ein Viertel der Neubauten in der übrigen Welt sichern.

Gleichwohl wären die »Energiewenden« noch abstellbar. Das funktioniert aber nicht beim kognitiven Niedergang, den Millionen Neuzugänge seit der 2015er Willkommenskultur zwar nicht verschulden, aber weiter beschleunigen. Selbst die Ablösung des politischen Personals wäre ja kein Verfahren, das Kinder zum Rechnen und Schreiben befähigt.

Der stetige Abstieg von 2007 bis 2015 bei der Mathe-Olympiade TIMSS ist also kein Problem, das auf muslimische Neuzugänge ab 2015 zurückgeführt werden könnte. Zu ihm tragen Nachkommen christlicher Gastarbeiter von Portugal bis Griechenland schon viel länger bei. Italienische Kinder und Enkel schneiden schulisch nämlich nicht besser ab als etwa türkische. Schließlich hat keines dieser Länder seine heimischen Eliten in deutsche Bergwerke und Stahlhütten geschickt. Eine Ausnahme bilden lediglich Kinder vietnamesischer Arbeiter, die in der DDR eingesetzt wurden. Obwohl sie aus ihrer heimischen Unterschicht stammen, deklassieren sie nicht nur alle anderen Migrantenkinder, sondern auch den altdeutschen Nachwuchs.[265]

Bei der Masseneinwanderung von 2015 gehen die Berater der deutschen Regierung zweifach in die Irre. Für die massiven globalen Migrationsströme bleibt ihre Politik quantitativ irrelevant, aber das deutsche Kognitionsniveau treiben sie weiter nach unten. Fliehenden habe man schnell helfen wollen und Deutschland dafür kurzfristig in ein »Überlaufbecken« (Herwig Münkler)[266] verwandelt – ohne kleinliches Schauen auf die langfristigen Kosten von 150 bis 250 Milliarden Euro und für ihre Ernährung, Unterbringung, Integration, Gesundheitsversorgung und Fortpflanzung.[267] Gleich nach dem Ende der Kriege in Syrien, Jemen, Mali, Nigeria usw. habe man die Gäste wohlbehalten und aufbauentschlossen in ihre Heimat zurückfliegen wollen.

Nun kommen Kriege nicht aus heiterem Himmel, um ebenso unvermittelt wieder vorüber zu sein. Die Millionen Fluchtfähigen müssen schließlich erst einmal im Übermaß erzeugt werden, bevor sie sich auf den Weg machen können. Kommt die übergroße Vermehrung nicht zu einem Ende, gehen auch Vertreibungen und Kriege weiter. Was ist da zu erwarten? Allein die Afrikaner im Subsahara-Raum legen seit 1950 von knapp 190 Millionen auf 1,1 Milliarden Einwohner zu, obwohl auf dem Weg dahin knapp 20 Millionen in Kriegen und Genoziden umkommen.[268] Araber und Iraner vermehren sich im selben Zeitraum von rund 100 Millionen auf fast eine halbe Milliarde und leben unterdes niemals ohne kriegerische Gewalt.[269]

Auswanderungswillige 2019 und 2050 nach Gallup-Prozentsätzen von 2017[270]

Gebiet	Bevölkerung 1950 in Millionen[271]	Bevölkerung 2019 in Millionen[272] 2017er Auswanderungswünsche von Erwachsenen übertragen auf 2019er Gesamtbevölkerung (kursiv)	Bevölkerung 2050 in Millionen[273] 2017er Auswanderungswünsche von Erwachsenen übertragen auf 2050er Gesamtbevölkerung (kursiv)	2017er Prozentsätze der auswanderungswilligen Erwachsenen
Subsahara	186	1050 *357*	2123 *700*	33 %
Araber + Iran	104	490 *118*	692 *166*	24 %
Latein-Am. und Karibik	169	652 *176*	780 *211*	27 %
Südostasien	165	660 *46*	797 *64*	7 %
Südasien	493	1897 *151*	2382 *190*	8 %
Summe	1,117 Mrd.	*938 Millionen Emigrationswillige*	*1,340 Milliarden Emigrationswillige*	

Parallel zur Geburtenfreude klettert der Kriegsindex von 1–2 auf 5–8. Auf 1000 ältere Männer (55–59) folgen nicht mehr nur 1000 bis 2000, sondern 5000 bis 8000 Jünglinge (15–19 Jahre).[274] Die wenigen frei gemachten Positionen reichen nicht für die vielen nachrückenden Ambitionen. Schon Fünfzehnjährige – gestern noch anrührend mit Kulleraugen – können sich in zornige junge Männer verwandeln und den zivil unmöglichen Aufstieg durch die blutige Beseitigung heimischer Eliten oder schwächerer Minderheiten in Angriff nehmen.

Im Fernsehen präsentierbare Flüchtlingsströme sind mithin ein sehr spät erst sichtbar werdendes Resultat der demografischen Treibsätze. Während die Aufgenommenen im »Überlaufbecken« stecken, hört in den meisten Herkunftsländern die Vermehrung ja nicht auf. Ein Vielfaches derer, die auf den Friedhöfen der Gefallenen und Gemordeten enden, rückt jenseits der Kameras aus den Entbindungsstationen in höherer Zahl stetig nach. Stetig und souverän schlagen die Geburtenraten die Sterberaten.

Historiker hätten diesen basalen Mechanismus an Europa selbst studieren können. Zwischen 1485 und 1914 – bei Verteufelung und strenger Bestrafung der Geburtenkontrolle – springt Europas Bevölkerung von 50 auf 500 Millionen, obwohl Epidemien, Kriege und Abwanderungen für die Eroberung von neun Zehnteln der Erde stetig für Verluste sorgen. Allein zwischen 1914 und 1945 werden 60–70 Millionen Menschen zu Tode geschunden. Nebenher aber fallen die Kinderzahlen pro Frauenleben von sechs im 18./19. Jahrhundert auf unter zwei in den späten 70er Jahren des 20. Jahrhunderts. Das eliminiert Europas Fähigkeit zum Absorbieren von militärischen Verlusten und bereitet seinem jahrhundertelangen Rasen ein Ende.[275]

Hingegen geht es gerade dort mit hohen Geburtenraten weiter, wohin die seit 2015 – und auch lange davor schon – Hereingelassenen nebst ihrem eigenen Nachwuchs eines Tages zurückgeführt werden sollen. Rund einundeinviertel Milliarden Menschen kommen zwischen 2010 und 2050 in den Herkunftsgebieten der Flüchtlinge von 2015 noch hinzu.[276] Rückgeführte würden dort die Fähigkeit zum Absorbieren von militärischen Verlusten noch erhöhen und so die Kriegshandlungen verlängern.

In Europa wiederum werden die Aufgenommen als Eingliederungsproblem gesehen, das mit Integrationsgipfeln sowie Heeren von Bürokraten, Sozialarbeitern und Erziehern gelöst werden könne. Realiter jedoch verdeckt der Terminus Integration ein unlösbares Problem. Eliten und schwer Beschulbare lassen sich nirgendwo zum Zusammenleben überreden. Ein Gedankenexperiment mag das verdeutlichen.

> Integrationsvergeblichkeit:
> Während Migranten in Deutschland im weltweiten Vergleich »unterdurchschnittlich gute Bildungsvoraussetzungen aufweisen, sind die einheimischen Deutschen überdurchschnittlich hoch gebildet. Sie gehören praktisch zu den Strebern der globalen Gesellschaft. Die Kluft zwischen den beiden Gruppen ist hierzulande also besonders groß.« (*Die Zeit*, 12. Dezember 2018)[277]

Ein warmes Frühlingswochenende überstrahlt das große Benchmark-Projekt »Integration«. Zwei Gruppen von je 500 Menschen – mit grünen Armbändern die einen, mit gelben die anderen – sind auf Kosten des zuständigen Ministeriums in den schönsten Hotels einer pittoresken Altstadt untergebracht. In allen Restaurants, Theatern, Opern,

Konzertsälen, Kinos und Museen können sie mit unbegrenzt verfügbaren Vouchern bezahlen. Die beiden Gruppen haben helle Gesichter und blonde bis brünette Haare. Sie gehören christlichen Konfessionen an. Es gibt auf jeder Seite gleich viele unverheiratete Männer und Frauen. Sie kommen aus unterschiedlichen Landesteilen und kennen einander bisher nicht. Sie pflegen – allerdings mit unterschiedlichen Dialektfärbungen – durchweg Deutsch (Schwedisch, Englisch etc.) als Muttersprache. Ihr Alter zwischen 20 und 30 Jahren garantiert die erwünschte Unternehmungslust und Aufgeschlossenheit.

Fünf Jahre nach dem herrlichen Wochenende wird der Integrationserfolg gemessen. Wie viele Grüne gehen mit Gelben zum Essen, in Konzerte oder zu Sportereignissen? Wie viele kommunizieren in Social Networks? Sind gemeinsame Start-ups gegründet worden? Wird zusammen geforscht und publiziert? Wie viele von ihnen haben Paare gebildet, sind miteinander verheiratet oder fahren zusammen nebst Kindern in die Ferien? Liegt die Trennungsrate über dem Durchschnitt oder sind sie glücklicher als der Landesdurchschnitt?

Das Ergebnis gibt Rätsel auf; denn auf fast alle Fragen gibt es Null-Ergebnisse. Grün und Gelb bleiben in Parallelgesellschaften und getrennten Wohnvierteln. Ein paar kurze Liebschaften und sogar ein paar damit verknüpfte Handgreiflichkeiten werden erhoben. Einige Mitglieder der grünen Gruppe sind Patienten bei Ärzten aus der gelben. Aber eine Integration im persönlichen Bereich hat nirgendwo stattgefunden.

Nach langem Suchen wird ein oberflächlich nicht erkennbarer Unterschied zwischen den beiden so ähnlichen 500 entdeckt. Nach noch mehr Zeit und viel Zögern wird er schließlich auch öffentlich bekanntgegeben. Die 500 Testpersonen der gelben Gruppe hatte man aus einer Datei aktueller und ehemaliger Exzellenzstudenten gezogen, während die 500 der grünen Gruppe aus einer Datei für Schulabbrecher stammten, die anschließend besondere Förderungsmaßnahmen genossen hatten.

Aus der großen Kompetenzdifferenz zwischen beiden Gruppen ließen sich die erhobenen Befunde einer Nullintegration ohne Schwierigkeiten erklären. Nicht einmal – so der Befund – ethnisch, religiös und sprachlich optimale Passungen führen zu Integration, wenn die kognitiven Differenzen zu groß sind.

Bildungsferne und Hochqualifizierte integrieren sich nicht – in Istanbul oder Damaskus genau so wenig wie in Paris, London oder New York. Würden die Regierungen einmal nationale Gipfel für die Integration einheimischer Exzellenzstudenten mit einheimischen Schulversagern einberufen, erhöbe sich homerisches Gelächter. Umgehend wäre der kostspielige Leerlauf solcher Vorhaben begriffen und erledigt.

Bringt man jedoch irgendwo zwischen Alaska und Neuseeland zwei 500er-Gruppen von Könnern aus beliebig vielen Kulturkreisen zusammen, die wenigstens eine Sprache, gewöhnlich also Englisch, gemeinsam beherrschen, stellen sich spätestens ab der zweiten Generation Integrationserfolge – bis hin zum gemeinsamen Führen von Parteien, Unternehmen, Zeitungen und Familien – selbst dann ein, wenn sie ohne professionelle Helfer erreicht werden müssen. Sie würden sogar als peinlich empfunden, wenn sie mit ihren Klienten intellektuell nicht mithalten können, ihnen aber beim täglichen Leben helfen wollen. Ohnehin sagt man einem Einstein nicht, dass oder wie er sich integrieren soll. Das von ihm in Einsamkeit und Freiheit Gefundene zieht man allemal vor. Von kognitiv Nachrangigen lässt man sich nur so lange Vorschriften machen, wie sie Macht über einen haben. Ansonsten hält man Abstand.

Natürlich gibt es im Topsektor Konkurrenz zwischen Alteingesessenen und Fremden. In die können sich auch ethnische Schärfen einlagern. Doch Wettbewerb gibt es selbstredend auch innerhalb der unterschiedlichen Gruppen der Einheimischen, seien sie nun Manager oder ihre Untergebenen.

In Unterschichten hingegen enden Integrationsexperimente am ehesten in Enttäuschung. Da niemand das Stigma des Versagers dauerhaft aushalten kann und deshalb jeder Mensch täglich Sie-

> ger bleiben und nicht verrückt werden will, wird gerade am hinteren Leistungsende nach geborgter Größe gegriffen. Die mag sich in der Bundesrepublik in großdeutschen Bewegungen manifestieren und bei Muslimen die Todesbereitschaft für ein altmächtiges Kalifat beflügeln. Den Mitgliedern solcher Kollektive gerät die so gewonnene Identität zur Inspiration für Streit und Gewalt im Kampf mit anderen Kollektiven und ihren ganz eigenen Idolen. Integration gelingt deshalb gerade dort am schlechtesten, wo aus intellektuellem Versagen geborene Identitäten aufeinanderstoßen.
>
> Überspitzt formuliert: Bei Oben-Oben findet man ohne Integrationsindustrie zueinander. Bei Oben-Unten bleibt Integration aus. Bei Unten-Unten ist Militanz vorprogrammiert.

Um die elsässische Hauptstadt Straßburg kämpft Frankreich nicht mehr – wie bis 1945 – gegen Deutsche oder Alemannen, sondern gegen Araber. Ein Marokkaner aus dem Vorort Neudorf tötet im Dezember 2018 fünf Menschen in der Innenstadt.[278] Durch die Kolonialzuwanderer ist das Land bei Migrationsfragen viel erfahrener als der östliche Nachbar, aber auch bereits viel stärker betroffen. Paris lernt das 1995. Damals findet die erste TIMSS Mathematik-Olympiade statt. Deutschland nimmt noch nicht teil, aber die Franzosen stellen sich ohne Zögern der Konkurrenz. Der schwer erkämpfte 13. Platz wird in der Nation von René Descartes (1596–1650), Blaise Pascal (1623–1662) oder Benoît Mandelbrot (1924 – 2010) als Schock empfunden.

Um nicht noch einmal so beschämt zu werden, gibt es eine Auszeit von zwei Jahrzehnten. Mit vielen Milliarden werden Krippen, Kindergärten und Schulen optimiert. 2015 tritt man wieder an. Man schickt die Zehnjährigen ins Rennen, die seit der Geburt all die kostspieligen Hilfen für ein bestmögliches Aufwachsen nutzen. Mit dieser Generation will Frankreich in die Weltspitze zurück. Weil man viele Ratschläge der Pädagogen getreulich umgesetzt hat, geht es mit Zuversicht an den Start. Auf den niederschmetternden 35. Platz – hinter Qatar und Abu Dhabi – ist niemand vorbereitet. Verzeichnen die ostasiatischen Sieger unter 1000 Kindern 320 (Japan) bis 500 (Singapur) Mathe-Asse, sind es in Frankreich nur 25. Selbst der deutsche Nachbar (24. Platz) liegt mit ebenfalls deprimierenden 53 zweimal so hoch[279] (s. o. Kap. III).

2018 bestätigt die OECD das kognitive Fiasko Frankreichs. Von Einwanderern mit besonders geringer Qualifikation hat es im Klub der hochentwickelten Nationen relativ die meisten. 21 Prozent der Zuwanderer sind kaum beschulbar.[280] Sie werden womöglich noch Schusswaffen bedienen können, aber in einem High-Tech-Umfeld ihr Leben lang auf finanzielle Hilfe durch ihre potenziellen Opfer angewiesen sein.

Jenseits der Pariser Zentrale schwindet Frankreichs Glaube, dass man bei ausreichendem Geldeinsatz schon lernen werde, gut in Mathematik zu sein. Auch bei den wichtigsten Patentanmeldungen (PCT) schafft man 2018 mit gut 7900 bei 65 Millionen Einwohnern[281] nicht einmal die Hälfte der 50 Millionen Südkoreaner, die bei TIMSS 2015 hinter Singapur und Hongkong auf Platz 3 liegen. Ohnehin lassen sich die Mittel für Erziehung und Forschung nicht mehr erhöhen. Mit 56,5 Prozent Staatsquote stellt die Grande Nation darin längst die globale Nummer eins.[282]

Gleichwohl verkünden Deutschland und Frankreich – mit zusammen 150 Millionen Menschen demografisch immerhin etwas stärker als Russland – 2018 die Eroberung der Weltspitze bei der Entwicklung der Künstlichen Intelligenz (KI/AI). Man werde der »Innovationsmotor sein und […] ein öffentlich verantwortetes Zentrum für künstliche Intelligenz errichten.«[283]

Derartige Ankündigungen haben Tradition. So wollen Präsident Jacques Chirac und Bundeskanzler Gerhard Schröder 2005 die Suchmaschine Google durch eine hausgemachte mit dem bedeutungsschwangeren Namen Quaero aus dem Felde schlagen. Nach dem Verbrennen einer Viertelmilliarde Euro verschwindet das ehrgeizige Vorhaben im Dezember 2013 auf Nimmerwiedersehen.[284] Ein vielfach größeres Fiasko beschert die staatlich finanzierte Produktion des Airbus 380. Er wird im Februar 2019 eingestellt, weil die für Profitabilität erforderliche Zahl von 524 verkauften Maschinen um satte 273 Exemplare unterschritten wird.[285]

Unter dem schwejkschen Motto »den nächsten Krieg gewinnen *wir*« soll bei dem Thema »Künstliche Intelligenz« endlich alles anders werden. Berlin sagt im Herbst 2019 drei Milliarden Euro zu, reduziert das allerdings schon im Frühjahr 2019 auf nur noch 0,5 Milliarden.[286] Die beiden Partner verfügen 2018 mit 215 einschlägigen AI-Startups über deutlich weniger als die 63 Millionen Briten mit 245. Rasant besser schneiden allerdings die acht Millionen Israelis mit 383 Unternehmen ab.[287] Doch bedrückender wirkt, dass sich unter den 100 bedeutendsten AI-Startups von 2018 keines aus Deutschland und nur eines (auf Platz 80) aus Frankreich befindet.[288]

Niemand informiert Berlin und Paris, dass ihr Vorhaben für Künstliche Intelligenz erst einmal große Volumina an lebendiger Intelligenz erfordert. Die aber sind in beiden Ländern nicht nur knapp, sondern schrumpfen weiter. So gibt es bei den Bürgern mit Hochschulabschluss elf Nationen, die bei den 55–64-Jährigen mit Abitur noch hinter Deutschland liegen, bei den für die Zukunft entscheidenden 25–34-Jährigen aber mit deutlich höheren Abiturquoten an ihm vorbeigezogen sind.[289] Unter Deutschlands Jugend fällt zwischen 1998 und 2018 das Interesse an Naturwissenschaften um 31, an Wirtschaft um 34 Prozent.[290] In der Alterskohorte 2005–2009, deren Beste ab 2030 die Arbeit aufnehmen, haben beide Nationen zusammen mit rund 300 000 Mathe-Assen gerade mal so viele wie die Türkei. Südkorea hat dreimal, Russland fünfmal, Japan sechsmal,

Amerika zehnmal und China achtzigmal mehr (s Kap III).

Optimistisch wirken insofern die Prognosen von PriceWaterhouse (2017)[291] oder Valuewalk (2019)[292], dass Deutschland bis 2050 *ökonomisch* vom vierten lediglich auf den neunten Platz weltweit zurückfallen werde. Beide Analysen lassen die verfügbare *Cognitive Ability* nämlich außen vor. Sie interessieren sich nur für die Zahl der Einwohner, die mit dem Hereinholen Bildungsferner durchaus stabil gehalten werden kann

16 000 Millionäre verlassen 2016/2017 Frankreich.[293] Deutschland sinkt bei der digitalen Zukunftsfähigkeit zwischen 2014 und 2018 unter 29 Ländern vom 8. auf den 20. Rang.[294] Nach *Korn Ferry*, globaler Talente-Zähler aus Los Angeles, wird es 2030 fünf Millionen Spezialisten vermissen.[295] Im Sommer 2018 wird auf solche Mängellagen jedoch eher trotzig als realistisch reagiert. Der zuständige Minister brüstet sich, dass man für Künstliche Intelligenz dann eben »die besten Forscher der Welt unter Vertrag nehmen werde.«[296]

Womöglich hat man ihm im Dunkeln darüber gelassen, dass gerade diese hochmobilen und oftmals ledigen Klugen in Deutschland (neben Belgien) höher als irgendwo sonst auf der Welt besteuert werden.[297] Warum sollten sie also dorthin streben? Man kann die Abgaben auch kaum senken, weil – in der OECD – bei den Sozialbudgets für Schwerbeschulbare Frankreich bereits auf dem 1. Platz liegt und Deutschland sich auch schon auf den 5. vorgekämpft hat.[298] Das verstehen die so dringend gesuchten Könner zuerst. Für sie gibt es fast überall bessere Angebote als »opfere dich für Rentner und Flüchtlinge, aber ende selber arm im Alter.«

Die Bundesrepublik versorgt permanent 10 Millionen Menschen in der sogenannten Mindestsicherung (Sozialhilfe[299]), kann 2018 aber 130 000 Ingenieure und Informatiker für das Aufholen des digitalen Rückstands nicht finden.[300] Haben 2017 etwa in Japan oder Südkorea drei Viertel aller Internetanschlüsse die für 5G unverzichtbare Breitband-Glasfaser, so begnügt sich Deutschland zu diesem Zeitpunkt mit zwei Prozent.[301] Doch aus den Profiten und Löhnen der – quer durch alle Branchen – betroffenen, weil von 5G abhängigen Betriebe muss die menschenwürdige Bezahlung der Millionen Bedürftigen finanziert werden.

Die fünfte Generation (5G) für *cellular mobile communication* wirkt so einschneidend, weil viele Toptechnologien daran hängen. Dazu gehören etwa intelligente Transportwege, das Internet der Dinge oder dreidimensionales Drucken. Alles spricht dafür, dass chinesische Anbieter dafür die weltweite Industrienorm setzen werden. Wer in diesen Branchen dabei sein und auch etwas verkaufen will, muss dieser Norm genügen oder braucht gar nicht erst anzutreten. Es geht hier also nicht um einen bloß zeitlichen Rückstand bei der Installation, sondern um die aus ihm erwachsende Unfähigkeit, in diesen Branchen jemals eine signifikante Rolle spielen zu können. Deutschland hat als »Funklochrepublik« mithin nicht einfach getrödelt, sondern die ökonomische Relevanz von 5G viel zu spät begriffen.

Wer soll hier das Steuer noch herumreißen? Die gebildeten Franzosen und Deutschen lernen Englisch, aber die Gebildeten der übrigen Welt lernen nur in Ausnahmefällen Deutsch oder Französisch. Wenn England dreimal bzw. siebenmal so viele Kinder in der höchsten Mathematikstufe hat (TIMSS 2015) wie Deutschland bzw. Frankreich, dann liegt das auch daran, dass Eliten aus dem übrigen Europa und der ganzen Welt etwa in Großbritannien und der übrigen Anglo-Welt umgehend die Arbeit aufnehmen können, ohne erst eine Fremdsprache lernen zu müssen.

Kontinentaleuropa wirkt gleichwohl morgen noch hoffnungsloser als heute, weil die bereits emigrierten Könner – nicht nur Millionäre – bereits der nächsten Talente-Generation Mut machen, den menschlich doch immer schweren Weg in die Fremde zu finden. Ein typischer Geburtsjahrgang aus dem 21. Jahrhundert hat in Deutschland knappe 800 000 Mitglieder. Nach TIMSS 2015 sind davon fünf Prozent bzw. 40 000 hochbegabt. Die Zahl der altdeutschen Auswanderer – sie kommen noch aus früheren Jahrgängen mit höheren Begabten-Anteilen – liegt bei deutlich über 200 000 jährlich.[302] Die meisten streben in Zielländer von der Schweiz bis Australien, die ihrerseits Leistungsverweigerer abwehren. Sie müssen also zu den Bestgebildeten gehören. Jeder Dritte hat ein Universitätsstudium abgeschlossen.[303] Es gibt natürlich auch Rückwanderer im Umfang von rund 50 Prozent. Gleichwohl wäre von den bloßen Zahlen her nicht auszuschließen, dass sich tendenziell mehr Könner pro Jahr davonmachen, als in ohnehin viel zu geringer Zahl nachwachsen. Für einen Hightech-Standort ist das tödlich. Man ähnelt Subsahara-Afrika. Auch dort will gerade von den Besten mehr als die Hälfte auswandern.[304] Sie verstehen am ehesten, dass ihre Länder, selbst wenn sie dort blieben, im globalen Wettkampf niemals eine Chance haben werden.

Nicht zuletzt werden aus den Herzländern der Europäischen Union die Unverzichtbaren durch den virulenten Judenhass vor allem muslimischer Zuwanderer vertrieben. Allein 2018 steigen in Frankreich antisemitische Vorfälle um 70 Prozent.[305] In Deutschland wird unter Christen 14, unter Muslimen aber 56 Prozent Antisemitismus gemessen.[306]

Anders als die Qualifizierten bleiben die Millionen Zuzügler – einschließlich der Antisemiten – Westeuropa treu, weil andere Länder mit Sozialhilfe geizen oder sie erst gar nicht aufnehmen. Paris und Berlin dagegen überweisen passable Beträge nicht nur für die gerade Eintreffenden, sondern auch für ihre alsbald geborenen Kinder. Indirekt wird eben das zum Stimulans für extremistische Gewalt. Denn vorrangig Mädchen werden für Mutterschaft aus Steuermitteln finanziert, während sich ihre – schulisch noch schlechter abschneidenden – Brüder durch Mehrfachzeugungen keine staatliche Alimentation verdienen können. Doch auch sie wollen alles und haben viel Zeit zum Nachdenken über die Rache an den »Schuldigen« für ihr Schicksal. Sie stellen das Personal für den einst als unmöglich verlachten »Krieg in unseren Städten«.[307] Und es sind ihre Gewalttaten, die noch schwankenden Alteingesessenen womöglich den letzten Anstoß zur Auswanderung geben.

Nicht eine rassistisch-polemisch als »Umvolkung« hingestellte Transformation Deutschlands oder Frankreichs ziehen diese Länder herab, sondern ihre Dequalifizierung. Es ist keineswegs eine »feindliche Übernahme«, die zum Ausscheiden aus der ökonomischen Spitzengruppe führt, sondern die dramatische Absenkung des Kompetenzniveaus. Selbst eine freundliche Übernahme hat verheerende Auswirkungen, wenn sie durch Schulabbrecher erfolgt. Dagegen wäre selbst eine unerwünschte Übernahme durch Genies eine Gnade für jedes Land.

Wie oben erwähnt können Deutsche – gegen die fast zu 100 Prozent von der ostasiatischen Konkurrenz dominierte Branche – keine Batteriefabriken mehr errichten. Das gefährdet die Profitabilität der BMW- und Mercedes-Produktionen für Elektroautos. Die Kooperation der Noch-Weltmarktführer in der Premium-Klasse vom Februar 2019 für automatisiertes Fahren soll – trotz 5G-Fiasko – den Niedergang verzögern.[308] Für die elektrischen Antriebe gibt es eine Chance deshalb, weil Chinas Firma CATL aus Ningde (Provinz Fujian, 3,5 Mill. Einwohner) im thüringischen Erfurt Batterien produzieren will.[309]

Obwohl seine Ingenieure eine lange Reise überstehen, eine andere Sprache und sogar ein anderes Alphabet beherrschen müssen, trauen sie sich das Unterfangen zu. Berlin deutet diese Übernahme als Signal für die Zukunft des deutschen Industriestandorts. Realiter ist sie nur die Fortsetzung der innerasiatischen Konkurrenz. CATL will die südkoreanische LG übertreffen, die im polnischen Breslau Europas größte Batteriefabrik betreibt.[310] Da ein Drittel der Wertschöpfung eines elektrisch betriebenen Autos auf die Batterie entfällt, müssen deutsche Firmen immer Ostasien stärken, solange sie überhaupt noch Autos verkaufen.

Damit aus dem Erschrecken darüber kein Herzstillstand eintritt, entwickeln chinesische Forscher ein Miniaturkraftwerk. Geladen durch das Pulsieren des Herzmuskels entsteht so zwar kein *perpetuum mobile*, aber der Träger – bisher zum regelmäßigen Einoperieren neuer Batterien gezwungen – mag es durchaus als solches empfinden.[311]

Gibt es keine guten Nachrichten? Weiterhin erstklassig funktioniert in Deutschland die staatliche Eintreibung von Steuern für die großen Kirchen mit ihren leeren Gebetsräumen (12 Milliarden Euro 2017[312]). Dasselbe gilt für die gesetzlich erzwungenen Abgaben an die monströs aufgeblähten Fernseh- und Rundfunkanstalten mit ihren staatsnahen Programmen (8 Milliarden Euro für 2018).[313] Dass die Bundesrepublik international noch im zweiten und nicht schon im dritten oder gar vierten Glied steht, beweist sie auch durch die Einrichtung von 185 Lehrstühlen für Genderforschung.[314] Die dafür erforderlichen

Berufungskommissionen, Büroräume, Bibliotheken, Hörsäle und Sonderparkplätze stellt man durchaus noch auf die Beine. Und die weitgreifende Schlagkraft dieser Branche zeigt sich nicht zuletzt daran, dass sie gegen Verzögerungen beim Aufbau von Gender-Instituten etwa in Brasilien oder Ungarn auch international vernetzt auf die Barrikaden geht.[315] Da bisher nur 500 Millionen Euro an Gender geflossen ist, bleibt noch ein weites Feld für den Kampf um das Gleichziehen mit den fürstlich residierenden Priestern und den noch besser bezahlten Journalisten in den Zwangsmedien.

Im Vergleich wirkt Frankreich gleichwohl irreparabler als Deutschland. Es produziert auch viel dramatischere Untergangsliteratur.[316] Voreilig klingen gleichwohl Ergüsse im Frantz Fanon-Duktus über das herzzerreißende Schreien von Ministerinnen aus der Frauenquote, die ihren multikulturellen Schützlingen zum Opfer fallen. Immerhin ist das Land durch seine Nuklearwaffen von außen noch unangreifbar. Fürs Innere rechnet es auf deutsche Gelder zum Bezahlen seiner nicht beschäftigbaren Massen und für die Rekapitalisierung seiner Banken – wann immer eine solche fällig wird. Dafür sollen die *Europäische Basis-Arbeitslosenversicherung* (noch in der Träumphase) und die *Europäische Bankenunion* (seit 2014 in Errichtung) die Europäische Sozialunion krönen.

Von Portugal bis Kroatien und Griechenland schauen auch die 225 Millionen Einwohner der EU-Südschiene mit hohen Erwartungen nach Berlin.

Alle verstehen, dass die ökonomisch wirklich aberwitzigen Unionsvorhaben nur von dort finanziert werden können. Nun weiß man spätestens seit Daniel Stelters *Märchen vom reichen Land* (2018[317]), dass die tapferen Retter in der EU pro Kopf – noch nach Portugal und der Slowakei – über das kleinste Privatvermögen verfügen. Die Europäische Zentralbank (EZB) meldet das bereits 2013. Der Welt-Reichtums-Report von 2018 bestätigt das Ergebnis. Allerdings hat Deutschland es nun – vor Portugal – auf den vorletzten Platz geschafft.[318]

Kein Symptom aber beleuchtet den Niedergang greller als der Unternehmerverband *Business Europe*. Sein Vorsitzender Pierre Gattaz erwartet Auswege längst nicht mehr von den angeschlossenen Unternehmen, sondern bittet ausgerechnet die Bürokratien in Paris und Berlin um eine »positive, enthusiastische Vision«.[319]

Wer wollte angesichts solcher Verzweiflung der EU-Zwangsjacke nicht noch rechtzeitig entrinnen? Nach einem Abschied der Briten wäre ein solcher Schritt für die Staaten Skandinaviens am verlockendsten. Alle verlieren mehr Geld an Brüssel, als sie von dort zurückbekommen. Die 60 km-Grenze zu Deutschland haben die Dänen längst wieder mit stabilen Schutzanlagen gegen »Migrationsdruck, grenzüberschreitende Kriminalität und terroristische Bedrohung« ausgestattet.[320] Beim Euro sind sie – wie die Schweden – ohnehin nicht dabei. Finnland sinnt seit Jahren über eine Volksabstimmung zum Verlassen der

Währungsunion. Norwegen ist immer frei geblieben. Mit den Briten gemeinsam gewönnen sie in einer Allianz nordeuropäischer Staaten eine passable Zukunftschance.[321]

Island versteht das zuerst und annulliert schon im März 2015 seinen Beitrittsantrag in Brüssel. Bei der *Cognitive Ability* liegen, mit der Ausnahme Schwedens, alle Skandinavier deutlich vor Deutschland und uneinholbar weit vor Frankreich. Wer zur NATO gehört, wird davon nicht abgehen. Zudem gibt es die Rückversicherung der britischen Nuklearmacht.

Die Bildung einer Nord-Union von Island bis Estland mit knapp 95 Millionen Menschen würde die Rest-EU mit einem zwar freundlichen, aber entschlossenen Wettbewerber konfrontieren. Das würde dem westlichen und südlichen Kontinentaleuropa aber auch eine Chance bescheren. Ihre Regierungen müssten aufschließen oder würden auch die noch verbliebenen Talente durch Abwanderung verlieren. Noch flucht der Süden wie ein Ertrinkender den ins Rettungsboot gelangten Briten hinterher. Doch – befreit bzw. entblößt von Subventions-Milliarden und Euro-Rettungsschirmen – muss er die lahmgelegten Kräfte für Innovationen reaktivieren oder den Zivilisationsraum verlassen (s. Kap. VI).

Chancen dagegen gibt es für Europas Osten. Der Raum von Lettland bis Kroatien mit knapp 85 Millionen Menschen weiß längst, dass Deutschlands Kraft schwindet. Ohne Salz-, Sand- oder Eiswüsten – die Hochgebirge erwirtschaften Urlaubsmilliarden – und weitgehend frei von islamistischem Terror geht es um einen Fruchtgarten von der Ostsee bis ans Mittelmeer. Bei den Geburten läuft es allerdings so mager wie in Westeuropa. Dafür liegt man bei der *Cognitive Ability* überwiegend vorne. Ungarn und Polen schlagen beim Anteil der Mathe-Asse (TIMSS 2015) Frankreich um den Faktor fünf bzw. vier (s. Kap. III).

Längerfristigen Erfolg gibt es jedoch nur durch das Weghalten von Bildungsfernen aus aller Welt. Wenn Deutschland Osteuropa, dessen Könner in westliche Betriebe abwandern, in »solidarischer« Lastenverteilung Unbeschulbare aufzwingt, darf es sich nicht wundern, dass der Osten sich eines Tages an der Oder ebenso entschlossen abschottet wie Dänemark jetzt schon gegen Schleswig-Holstein. Wären 2015 eine Million muslimischer Einsteins über die deutschen Grenzen geströmt, hätte Berlin die still eingesackt und sich jedwede »solidarische« Umverteilung verbeten. Man durchschaut die vorgetäuschte Altruismus-Maske und ist ergrimmt.

Bisher allerdings sind Friedlosigkeit und islamistischer Terror in den Gebieten der West-EU für die Zukunft der östlichen Hälfte ein größerer Ansporn als dessen – ohnehin schwindende – industrielle Potenz. Wenn Eliten weiter abwandern, bleibt es hoffnungslos. Wenn man aber Fluchtburg für die eigenen Exilanten würde, wäre das Entwicklungspotenzial enorm. Die Richtung ist vorgegeben. Sie verlangt nicht zuletzt eine Einigung über die Ukraine auch mit Russland. Der Koloss wankt in vielem, schadet sich selbst durch imperialistische Überdehnung, hat aber ausgezeichnete kognitive Reserven.

China ist der Herausforderer, der den Westen in Zukunftsverteidiger und Resignierende aufspaltet. Wie nun sieht man das im Land der Mitte selbst? Seine Jugend klickt auf der weniger zensierten Suchmaschine Weibo vor allem auf »Israel, Kanada und die USA. [...] Verbreitet ist die Haltung, dass sich Europa mit der Flüchtlingskrise, den Terroranschlägen, der politischen Polarisierung und den Protesten auf dem Weg in den Ruin befindet. Man ist dankbar, im sicheren China zu leben und nicht im unsicheren Europa. Generell kann man feststellen, dass Europa sehr langsam in der digitalen Transformation und sehr international ausgerichtet ist. China dagegen ist sehr schnell in der Transformation und hat dabei immer sich selbst im Fokus.«[322]

Von Israels Start-ups will man lernen. In Nordamerika will man studieren und vielleicht auch langfristig leben. Was kann es bieten?

IV B: Geht Amerikas Schwäche vorüber?

Seit Bill Hewlett (1913–2001) und David Packard (1912–1996) 1939 in Palo Alto Audio-Oszillatoren für Tonfilm-Kinos von Walt Disney (1901–1966) produzieren, gilt Kalifornien als technologisches Avantgarde-Territorium der Menschheit. Hewlett-Packard (HP) liegt bei Scannern und Laptops immer noch im Spitzenfeld. Sogar bei 3D-Druckern muss es sich nicht verstecken. Die allerdings werden aufgrund ihrer Komplexität in China hergestellt,[323] wo dreißig Firmen für HP arbeiten.[324]

Mit lediglich 40 Millionen Einwohnern beherbergt Kalifornien nach China, den Rest-USA, Japan und Deutschland die fünftgrößte Wirtschaft der Welt. Dennoch gibt es seit den späten 1990er Jahren einen stetigen Abfluss von steuerstarken Firmen und Mittelschichtfamilien. Über 400 000 verlassen allein seit 2001 den Traumstaat.[325] Gleichwohl wächst die Bevölkerung. Warum verlieren dann so viele den Mut? Weil die neu gewonnenen Bürger vor allem die Lasten erhöhen, nicht jedoch die Zahl der Schultern, die sie tragen können. Ein Drittel des US-Sozialhilfebezieher lebt im *Golden State*.[326] Die meisten Einwanderer können nicht einmal für ihre Schwangerschaften finanziell aufkommen. Deshalb wird 2018 die Hälfte aller Geburten Kaliforniens aus der medizinischen Armenkasse bezahlt (*California Medical Assistance Program*/Medi-Cal).[327]

Obwohl Kaliforniens Schüler in den 1970er Jahren zu den besten der USA zählen, werden die Ausgaben pro Kind bis heute noch einmal um real 30 Prozent erhöht, um es auch in Zukunft mit allen aufnehmen zu können. Nichtsdestotrotz fällt das Ergebnis niederschmetternd aus. Fast 70 Prozent der Kinder aus der globalen Hightech-Schmiede können 2017 nicht ausreichend rechnen und schreiben.[328] Sie erreichen unter 50 Bundesstaaten nur noch den 44. Platz.[329] Aus ihnen kann der Bedarf der berühmten Firmen längst nicht mehr gedeckt werden. Noch allerdings gibt es genügend Kalifornier fürs Finanzieren des Ganzen. Weniger als ein Prozent der Bürger entrichtet die Hälfte der Einkommensteuern, aus denen auch Entbindungskliniken und Schulreformen bezahlt werden.[330]

Vor allem Ostasiaten halten Kalifornien technologisch vorne. In Verbindung mit aschkenasischem Genie – zumeist aus Russland vertrieben – sorgt ihre Hochkompetenz für das Fortleben von Apple, Facebook und Google. Caltech als beste technische Hochschule der Nation, die Studenten ausschließlich über

Exzellenz auswählt, hat 2019 unter den Erstsemestern 40 Prozent Asiaten und 9 Prozent Ausländer, von denen viele ebenfalls aus Ostasien kommen.[331] San Franciscos Bevölkerung ist zu 22 Prozent chinesisch und zu 34 Prozent asiatisch.[332]

Für den Gesamtstaat jedoch reicht dieses Ausnahme-Personal nicht mehr. So vergehen für Kaliforniens erste Eisenbahn, die *Sacramento Valley Railroad*, zwischen Baugenehmigung von 1852 und der ersten Nutzfahrt von 1856 nur vier Jahre. 1996 beginnt die *California High-Speed Rail Authority* (CHSRA) mit der Planung für eine Hochgeschwindigkeitslinie von Los Angeles nach San Francisco, die im Endausbau 1300 km lang werden soll. Nach dem Verbrauch von 5 Milliarden Dollar und Preissteigerungen von 40 auf bald 80 Milliarden Dollar[333] (auch 30 auf 100 Milliarden nennt man[334]) wird das Projekt im Februar 2019 eingemottet. China errichtet in derselben Zeitspanne (1997–2019) ein Schnellnetz von 27 000 km.[335]

Die Infrastruktur der gesamten USA ist mit 4,5 Billionen Dollar im Reparaturrückstand.[336] Gleichwohl wird Kalifornien nicht zur Avantgarde für das längst überfällige Aufholrennen. Dafür bleibt es die Speerspitze der Progressiven Amerikas. Die von Washington finanzierte Grenzbarriere gegen Migranten wird leidenschaftlich bekämpft; denn *love knows no borders*.[337] Knapp 180 Millionen Lateinamerikaner wollen – nach Umfragen von 2017 – in die USA gelangen. 2050 wären – bei unveränderten Wanderungswünschen – weit über 200 Millionen zur Übersiedlung bereit.[338] Das wären fünf heutige Kaliforniens. Die *Cognitive Ability* Lateinamerikas wird bei CA80 (in der Spitze 90) gesehen, während für die USA 2010 CA98 veranschlagt werden.[339]

2015 stammen in den gesamten USA 50,2 % der Neugeborenen von *Minorities* (ganz überwiegend *Hispanics und Afro-Americans*) und 49,8 % von *Whites*. Das wäre eine belanglose Information, wenn man nicht berechnet hätte, dass die Vermögen hispanischer und afrikanischer Haushalte 2013 zwischen 1700 und 2000 Dollar liegen, während sie bei Weißen fast 120 000 Dollar erreichen. Daran wird sich auch nichts ändern; denn aus der ersten Gruppe kommen selbst bei Durchlaufen der besten Schulen permanent die schlechtesten Schüler des Landes.[340] Auch deshalb wird das Haushaltsvermögen dieser *Minorities* für das Jahr 2043 auf durchschnittlich nur noch 0 Dollar veranschlagt.[341]

In ernsten Notlagen müsste eine – stetig schrumpfende – Hälfte Amerikas die andere versorgen. Das kann nicht nur Einheimische entmutigen, sondern auch fremde Könner von der Einwanderung abhalten. Das wiederum würde Amerikas ökonomisches Zurückfallen besiegeln. Das Geheimnis für seinen Erfolg liegt ja – neben der juristisch ausgefeilten Eigentumsstruktur – in seiner Attraktivität für die Eliten der Menschheit. Obwohl Amerika nur ein Viertel der OECD-Bevölkerung stellt, hat es zwischen 1961 und 2004 mit 8,2 Millionen[342] mehr als die Hälfte aller hochqualifizierten Zuwanderer (mit Hochschulabschluss) in OECD-Länder abgeschöpft. Bei der allerbesten Gruppe mit Doktortitel entfallen sogar 61% auf die USA (rund 443 000 zu 285 000 für die Rest-OECD).[343]

Extrapoliert man die Zahlen für 1961 bis 2004 hoch bis 2019, dann holt Amerika sich aus aller Welt knapp 14 Millionen Spitzenleister (13,2 Mill. allein bis 2016[344]). Es gewinnt also noch einmal die Zahl der Klugen und Könner aus rund fünfundzwanzig eigenen Geburtsjahrgängen von außen hinzu, wenn man die 14% pro Jahrgang in der *advanced*-Mathegruppe von TIMSS 2015 zugrunde legt (s. Tabellen in Kap. III).

Bei Fortschreibung der Promovierten-Zahlen bis auf 2019 gelangt man auf rund 750 000 importierte Inhaber von Doktortiteln. Ganz Deutschland hat 2012 rund 630 000 Promovierte zwischen 25 und 65 Jahren.[345] Amerika gewinnt mithin ab 1961 aus der Fremde Spitzenbegabungen im Umfang von rund 120% des aktiven Gesamtpotenzials Deutschlands – der immer noch viertgrößten Industrienation der Erde. Deren Kinder und Kindeskinder erklären zumindest partiell, warum die USA beim Anteil ihres Nachwuchses in der besten (»advanced«) TIMSS-Mathematikgruppe von 2015 rund dreimal besser als Deutschland und rund sechsmal besser als Frankreich abschneiden.

Russland (vorher Sowjetunion) wird das Land, das mit 4,2 Millionen Auswanderern der OECD-Staatengruppe bis 2004 die meisten Menschen zuführt. Amerika gewinnt vom strategischen Altgegner die Besten aber nicht nur aufgrund seiner dominierenden Ökonomie, sondern auch als Schutzraum für Verfolgte. So danken etwa Juden, die aus Europa und dem islamischen Raum fliehen müssen, ihrer neuen Heimat mit 122 der 375 amerikanischen Nobelpreise (Stand 2018[346]). Die jüdischen zwei Prozent der Einwohner sind gut für 33 Prozent der höchsten Auszeichnungen und 14 Prozent der Ärzteschaft (2005[347]).

Die welthistorisch einzigartige kognitive Bereicherung durch Fremde sichert Amerika den genialsten Einfallsreichtum der bisherigen Geschichte. Bereits seit 1790 schützt es Erfindungen als geistiges Eigentum. Und doch würde die Nation sehr schnell in die Zweitklassigkeit gleiten, wenn nicht auch heute und morgen ein großer Teil der ausländischen Studenten im Lande bliebe. Sie stellen bei Ingenieuren 60 Prozent und in Computer- und Elektronikwissenschaften sogar 80 Prozent der Doktoranden an amerikanischen Universitäten.[348]

Das sind immer noch Pfunde, mit denen Washington wuchern kann. Dennoch erreichen Australien mit einem Sechzehntel und Kanada mit einem Zehntel der US-Bevölkerung immerhin jeweils ein Sechstel der US-Einwanderung.[349] Noch stärker erweisen sich die beiden Anglo-Konkurrenten bei der Qualität ihrer Neubürger. In Australien liegen sie mit IQ100 über den Einheimischen mit IQ99, in Kanada mit IQ100 immerhin nahe an den Einheimischen mit IQ102 (2010[350]).

In den USA hingegen sorgt die gering qualifizierte Zuwanderergruppe, die parallel zur Weltelite ins Land strömt, dass die Gesamtheit der Migranten nur IQ95 mitbringt, im Unterschied zum einheimischen IQ99.[351] Amerika verringert mithin seinen Durchschnitt nicht nur durch bildungsfernen eigenen Nachwuchs, sondern auch durch stetigen und massiven Zufluss gering Qualifizierter aus der Fremde. Dabei geht es allein zwischen 1981 und 2016 um rund 20 Millionen Menschen vor allem aus Lateinamerika und der Karibik, die sich – über legale Familienzusammenführung – bereits im Lande lebenden Verwandten anschließen. Sie müssen sich keinerlei Qualifikationsüberprüfung unterziehen und können umgehend auf die Sozialbudgets zugreifen.[352]

Die Versuche des Präsidenten Donald Trump, seit 2017 Arbeitsplätze aus China nach Amerika zurückzuholen, sind inspiriert vom Mythos, dass sie vor allem aufgrund geringer Löhne dorthin verlagert wurden. Doch in Wirklichkeit sind es nicht so sehr die Löhne, die in Afrika oder Südasien ja noch viel tiefer liegen, die China so attraktiv machen. Es sind seine Klugen und Könner, die man nirgendwo auf der übrigen Welt für so geringen Einsatz und in so hoher Anzahl engagieren kann.

Trump und seine innenpolitischen Gegner beginnen immerhin diesen Sachverhalt zu erahnen, als der Taiwanese Terry Gou (*1950), Chef der mit 800 000 Angestellten größten Elektronikfirma der Welt (Foxconn), der unverzichtbaren Schutzmacht USA eine Bildschirmfabrik mit 13 000 Arbeitern in Wisconsin verspricht. Mit Gesichtsverlust und Peinlichkeit für beide Seiten muss er das Vorhaben wieder abblasen, weil die verfügbaren Amerikaner nicht gut genug sind für die Anforderungen des Ostasiaten.[353] Man kann ihre Löhne nach unten anpassen, aber ihre *Cognitive Ability* nicht gleichzeitig nach oben schieben. Und selbst ein Gou kann Washington zuliebe nicht einfach Wohltaten bescheren, weil er Tag und Nacht die Konkurrenz anderer Ostasiaten bestehen muss.

Die Gegner Trumps feiern sein Scheitern mit ausgelassener Schadenfreude, begreifen dabei aber nicht, dass sie damit über den Kompetenzverlust ihrer Heimat jubeln. Amerikanische Unternehmer hingegen sprechen gelegentlich Tacheles. So erklärt Tim Cook, Chef von Apple, schon im Oktober 2017 bei einem Aufenthalt in China: »Die Fähigkeiten hier sind einfach unglaublich. [...] In den USA könnten wir ein Treffen von Werkzeugingenieuren veranstalten, und ich bin nicht sicher, dass wir den Raum voll bekämen. In China kann man mit ihnen mehrere Football-Felder füllen.«[354] Dazu passt, dass Amerikas Anteil am Bruttoinlandsprodukt für Forschung im Jahr 1995 lediglich von Taiwan und Südkorea übertroffen wird, während es bis 2015 auch hinter Singapur, Israel und China zurückfällt.[355]

Das Ausbleiben einer industriellen Renaissance der USA unterstreicht nur einmal mehr, dass die Räume mit vorrangig Geringqualifizierten, die – anders als die überall rarer werdenden Könner – bis 2050 noch einmal um zwei Milliarden Menschen zulegen, das größte Problem für Gegenwart und Zukunft darstellen. Amerikas Fehler besteht nicht so sehr darin,

Millionen von ihnen bedenkenlos ins Land geholt zu haben, sondern damit selbst dann weiterzumachen, als etwa die kleinen Amerikas, Australien und Kanada, bereits in den 1970er Jahren die Reißleine ziehen, also ihre Grenzen schließen und seitdem – mit deutlich messbaren Erfolgen – Pässe nur an Asse vergeben. 35 zusätzliche Jahre mit offenen Grenzen könnten die USA um ihre Zukunft gebracht haben.

Das weitere Öffnen der Schere zwischen den Leistungsträgern Ostasiens und dem Niveauverlust in der europäiden Welt bleibt der Elefant im globalen Gehäuse, auf den Individuen, Regionen und ganze Nationen reagieren müssen. Gleichwohl gibt es bisher keine starken Indikatoren, die für eine Wende der USA zurück an die globale Innovationsspitze sprechen.

Das Land wird deshalb versuchen, die Erfolge der Eliteanwerbung aus der Zeit ab 1961 zu wiederholen. Doch solche Könner werden aufgrund der gefallenen Geburtenraten auch in ihren Herkunftsländern kaum noch nachgeliefert. Zudem mögen sie nach einem kritischen Blick auf das relative Absinken der USA eher für andere Destinationen votieren. Könner aus Gebieten, in denen sie bereits jetzt zu viele Hilflose versorgen müssen, werden Gebiete meiden, wo ihnen dasselbe blüht. Das wird durchaus verstanden. Deshalb formuliert etwa Jeffrey E. Garten, Ex-Dekan der *Yale School of Management*, in einem bewusst ironisch-militärischen Ton die Dringlichkeit des nunmehr erforderlichen Vorgehens:

> *»Jetzt ist es an der Zeit, dass Amerika eine massive Überfallaktion auf die Gehirnleistung des Auslandes durchführt und die Wissenschaftler, technischen Talente, Ingenieure und Mathematiker der Welt einfängt.«[356]*

Das dafür wichtigste Fanggebiet bleibt China. Mit 37,4 Jahren steht es beim Durchschnittsalter (2017) etwas besser da als die USA (38,1[357]) und bei den nachwachsenden Mathe-Assen liegt es sogar achtmal so hoch, obwohl die Bevölkerung Amerikas nur um den Faktor 4 übertroffen wird (s. Kap. III).

2019 arbeiten von den weltweit rund 4500 AI-Firmen 2250 in den USA, aber nur 1500 in China und 750 im Rest der Welt.[358] Amerika schafft diese Führung wiederum nicht aus dem eigenen Nachwuchs, weil bereits knapp 70 000 Chinesen in seinen AI-Firmen arbeiten. Das sind ungefähr doppelt so viele, wie in Deutschland insgesamt in diesem Bereich beschäftig sind.[359] Bei wissenschaftlichen Artikeln zu Künstlicher Intelligenz überholt China die USA bereits 2006.[360] Erst 2017 jedoch publiziert es seine Planung, bis 2025 mit den USA gleichzuziehen. Bereits 2018 übertrifft es mit rund 30 000 Patenten in Künstlicher Intelligenz die USA um den Faktor 2,5 (alle Anmelde-Ämter).[361]

Das Land neigt – zumindest bisher – nicht zu substanzloser Angeberei. Weil es tatsächlich vorerst nur ein starker Zweiter ist, will es die eigenen Auslandsarbeiter zurückgewinnen und daheim die Investitionen hochschrauben. Der *Western Returned Scholars Association* (WRSA, 1989 gegr.) gehören bereits 40 000 chinesische Gelehrte an, die in der Fremde ihre Examina abgelegt haben. Sie werden zugleich zum Prüfstein für die Partei, deren Herrschaftsanspruch und Kontrollmechanismen sie nicht einfach hinnehmen.[362] Der Demokratiemangel Chinas bleibt deshalb ein gewaltiges Handicap dieser größten aller Kompetenzfestungen: Bei der Abwehr von Leistungssenkern ist es unübertroffen. Doch beim Halten eigener und beim Anwerben fremder Talente erweist es sich bestenfalls als zweitklassig.

Dennoch wird 2018 das erste Jahr, in dem 60 Prozent aller global getätigten KI-Investitionen in China getätigt werden.[363] Das dürfte sich fortsetzen, denn 68 Prozent der Chinesen zeigen KI-Optimismus aufgrund ihrer Schul- und Universitätsbildung. Das verschafft Platz eins unter zehn untersuchten Ländern, von denen in den USA 39 Prozent und in Deutschland sogar nur 25 Prozent denselben Optimismus über ihr Bildungssystem äußern.[364] Wer – wie China – eine dem Westen überlegene *Cognitive Ability* mitbringt, Zuversicht zeigt und zahlenmäßig einsam vorne liegt, kann nicht dauerhaft ausgebremst werden.

Die ökonomische Forschung ahnt die amerikanische Schwäche, wenn sie die Auswirkungen des japanischen (1970–1990) und des chinesischen Aufstiegs (ab 1990) auf amerikanische Wirtschaftsregionen vergleicht. Der frühe japanische Schock wirkt weniger verheerend, weil betroffene US-Firmen noch in US-Regionen mit geringeren Löhnen ausweichen konnten, in denen das Qualifikationsniveau gleichwohl ausreicht, um die ostasiatischen Innovationen (etwa im Spielzeugbereich) zu übernehmen und so in der Konkurrenz zu bleiben. Die Regionen, aus denen die Firmen abwandern, sind zugleich noch qualifiziert genug, um mit eigenen Innovationen und Patenten anspruchsvollere Produktionen auf die Beine zu stellen.

Auf den viel massiveren Schock durch China (demografisch entspricht es elf Japans) kann so nicht mehr geantwortet werden, weil es Ausweichregionen mit verkraftbaren Löhnen und ausreichenden Qualifikationen kaum noch gibt und auch die direkt getroffenen Regionen nicht noch einmal mit frischen Patenten einen Gang höher schalten können. Das Niveau der ostasiatischen Innovationen ist mittlerweile so anspruchsvoll (Smartphones, Laptops, Flachbildschirme etc.), dass qualifiziertes Personal für ihr schnelles Nachahmen oder gar Übertreffen weder an den niederkonkurrierten Standorten noch in Ausweichregionen zur Verfügung steht.[365]

Realiter erweist sich das Problem – eingestanden wird das allerdings nicht – jedoch als viel schwerwiegender, weil nicht einfach Qualifikationen fehlen, sondern Höherqualifizierung aufgrund mangelnder Kompetenz misslingt. Gelder und Lehrer werden durchaus zur Verfügung gestellt, aber die Schüler halten nicht mit. China wirkt sich auf die USA mithin bereits ähnlich aus wie auf Industrien in Südasien oder

Südamerika. Ihre Firmen werden durch bessere und zugleich billigere Produkte verdrängt, haben danach aber weder Patente noch Leute, um in Hightech- und Künstliche Intelligenz-Bereiche aufzusteigen und von diesen Höhen aus eine neue Industrieführerschaft zu erringen. Ostasien hingegen macht beides gleichzeitig. Es erobert die Standardindustrien (Autos, Waschmaschinen etc.) und hat doch genügend Personal für Quantencomputer, faltbare Telefone und elektromagnetische Kanonen.

Möglicherweise wird diese Überlegenheit durch eine neue politische Ausrichtung der Amerikaner noch beschleunigt: Fast die Hälfte der US-*Millennials* (Jahrgänge 1981–1994) sowie der *Generation Z* (Jahrgänge 1995–2015) wollen lieber im Sozialismus als im Kapitalismus leben.[366] Mit nur einem Viertel der Bevölkerung Chinas und lediglich einem Achtel seiner *Cognitive Ability* könnte der viel beschworene Clash der beiden Giganten schlichtweg ausbleiben, weil die dafür erforderlichen Ambitionen und Fähigkeiten Amerikas sich schon im Vorfeld verflüchtigen. Denn Antikapitalismus hat China schon dreißig Jahre (1949–1979) ausprobiert. Seine Idee wird man in den USA weder ausspionieren noch auflaufen.

IV C: Eigene Talente halten, fremde hinzugewinnen: Die Ex-Kronkolonien

Fast alle westlichen Immigrationsbehörden bedienen bis weit nach dem Zweiten Weltkrieg die Bedürfnisse von Firmeneigentümern. Arbeitskräfte, die minimale Anforderungen erfüllen, werden ihnen für die Gewinnerzielung direkt zugeführt. Nach der Schließung solcher Unternehmen müssen aber nicht die Eigentümer für eine menschenwürdige Versorgung der nun nicht mehr Vermittelbaren aufkommen. Diese Lasten werden auf die Steuerzahler übertragen. Entsprechend fungiert etwa in Kanada noch bis 1949 ganz unverstellt das *Ministry of Mines and Resources* zugleich als Einwanderungsministerium.[367] Die wichtigsten Branchen im Land, nicht aber das zukünftige Gesamtinteresse bestimmen die Immigration.

Aus dem schnellen technischen Fortschritt der 1960er und 1970er Jahre aber wird gelernt, dass nicht die jeweilige Ausbildung, sondern allein die immer wieder neue Qualifizierbarkeit, also die Kompetenz für lebenslanges Lernen das Land vor einer wachsenden und kostspieligen Klasse von Bildungsfernen schützen kann. Das Familienvater-Prinzip ersetzt das Unternehmer-Prinzip. Wie Kinder aufgrund unbekannter Zukunftsanforderungen mehr können müssen als ihre Eltern, die für sie ja immer unterhaltspflichtig bleiben, müssen auch Zuwanderer tüchtiger sein als die Einheimischen. Beide Gruppen sollen das Land durch Innovationsfähigkeit unter den Spitzennationen halten.

Nur wer für die Aufnehmenden etwas leisten kann und ihnen nicht gleich in die Taschen greifen muss, wird von ihnen auch mental und emotional angenommen. Diese Länder verstehen inzwischen, dass schlechte Schulnoten auch nach Überschreiten der Grenze schlechte Schulnoten bleiben. Sie verwandeln sich keineswegs in ein mysteriöses Ausländerproblem, das durch Geld und Integrationsgipfel heilbar und somit zu lösen wäre.

Bereits mit dem 1976 erlassenen und 1978 in Kraft tretenden *Immigration Act* vollzieht Kanada eine radikale Wende. Wer zur Belastung für die Sozial- oder Gesundheitsdienste zu werden droht, darf nicht einwandern. Dafür entfallen Diskriminierungen von Rasse, Religion und sexueller Orientierung. Juden und Chinesen zum Beispiel, die man bis in die 1940er Jahre scharf ausgrenzte, werden zwar nicht plötzlich geliebt, aber doch toleriert. Bei nicht einmal einem Prozent der kanadischen Bevölkerung bedanken

Juden sich mit 28 Prozent der kanadischen Nobelpreise.[368]

Die Öffnung erfolgt sechs Jahre vor Richard Lynns 1982er *Nature*-Aufsatz zum japanisch-ostasiatischen IQ-Vorsprung,[369] wird also keineswegs als gezielte Folge dieser Entdeckung betrieben. Der Verzicht auf Diskriminierung liefert die dadurch gewonnenen geistigen Ressourcen also gewissermaßen als unverhofften Beifang

Die Wende wird kombiniert mit einer sehr hohen quantitativen Obergrenze für die jährliche Zuwanderung. Im Prinzip sind alle jungen Talente willkommen, weil sie die Topfirmen der Zukunft gründen könnten und das nicht in Konkurrenznationen machen würden. Wenn 37 Millionen Kanadier (2019) jährlich fast 350 000 bzw. fast ein Prozent Neuankömmlinge planen,[370] dann wären das übertragen auf 82 Millionen Deutsche rund 800 000 pro Jahr. Nur im Chaosjahr 2015 mit der Grenzöffnung hin zum Islambogen lag die Zahl einmal höher.

Australien revidiert die *White Australia Policy* sogar schon 1966 und akzeptiert Nicht-Europäer, sofern sie »integrationsfähig sind und über Qualifikationen verfügen, die Australien Vorteile bringen.«[371] Mit dem *Racial Discrimination Act* von 1975[372] wird dieses »Könner-Prinzip« – sogar sieben Jahre vor Richard Lynns IQ-Aufsatz – Staatsdoktrin.

Die maximale jährliche Zielgröße liegt gegenwärtig bei 190 000 Zuwanderern, wobei ein Mangel an geeigneten Bewerbern auch eine Reduzierung bewirken kann (etwa auf 160 000 für 2019/2020). Jenseits geringer Quoten für ausgewanderte Heimkehrer und unbegleitete Kinder sind rund 70 Prozent der Plätze für Neubürger bestimmt, die Australiens Wirtschaft voranbringen. Der Rest ist für die Familienzusammenführung bestimmt, wobei es vor allem um Partner geht, die Altaustralier oder Neugeworbene für eine dauerhafte Existenz in ihr Land holen wollen. Auch dabei ist der Leistungsaspekt also keineswegs ausgeschaltet.

Zwischen Rhein und Oder würden 190 000 einer jährlichen Aufnahme von 650 000 entsprechen. Berlin aber träumt aktuell nur noch von 400 000 oder gar nur 260 000[373] und weiß dabei, dass man selbst die nicht finden wird, weil aufgrund der offenen Grenzen sogar die eigenen Kompetenten in besser gesicherte Nationen – schon über 100 000[374] allein nach Australien – entschwinden. Um diesen deutschen Strom dauerhaft zu sich zu lenken, sichert Canberra mit der *Operation Sovereign Borders* von 2013 seine Küsten. Denn wie schlechtes Geld gutes Geld verdrängt, so schrecken leistungssenkende Einwanderer die für sie in Zahlungspflichten genommenen Talente ab.

Warum handelt Canberra 2013 so radikal? Zwischen 2009 und 2013 steigt die Zahl der durch Schmuggler illegal an Land Gebrachten von 2700 auf fast 21 000.[375] 2014 kommen – bei über 24 000 km Küstenlinie – nur noch 160 ins Land. Danach geben die Schlepper auf. Bei ihren Aktionen gibt es von 2009 bis 2013 rund 1200 Todesopfer. Zwischen 2014 und 2018 sind es noch 32.[376]

Canberras zuständiger Minister Peter Dutton ruft zum fünfjährigen Geburtstag von *Sovereign Borders* in Erinnerung, warum der kleinste Kontinent so vielen Fremden eine Chance bieten kann: »Wir sorgen dafür, dass Menschen, die Teil unserer australischen Familie werden, hier arbeiten und nicht von Sozialhilfe leben. […] Wer ein so robustes Migrationsprogramm fährt wie wir, bekommt produktive Neubürger, die dem Land wachsenden Wohlstand bescheren.«[377]

Australien wird mit dieser Politik zum ersten westlich geprägten Land, bei dessen Zuwanderern ein höherer IQ (100) gemessen wird als bei den vor Ort Geborenen (99). Es gibt mit Singapur überhaupt nur eine weitere Nation, der dieses Kunststück gelingt (106 zu 105).[378] Australiens oftmals gescholtener Weg hilft überdies nicht nur den Hereingelassenen, sondern auch den nicht Akzeptierten mit einer ganz ungewöhnlichen Kombination aus Eigennutz und weltweiter Hilfe. Die Neubürger erarbeiten sich nämlich so hohe Einkommen, dass sie jährlich rund 21 Milliarden AU$ an ihre Familien in der verlassenen Heimat überweisen können (2017). Die staatliche Entwicklungshilfe dagegen erreicht nicht einmal 4 Milliarden AU$.[379]

Zusammen mit Neuseeland haben die drei Ex-Kronkolonien auf gut 18 Millionen km^2 rund 67 Millionen Menschen und damit etwa so viele Bürger wie Chinas Megalopolis im Pearl River Delta auf 7000 km². Diese angelsächsischen Länder wissen, dass sie abrutschen, wenn sie hinter die dortige Dynamik zurückfallen. Mit 3,8 Billionen US-Dollar Bruttoinlandsprodukt liegen sie 2019 noch souverän vor dem Delta mit rund 2,3 Billionen, was immerhin der Leistung von 60 Millionen Italienern entspricht.[380]

Wie wollen die Ex-Kronkolonien diesen Noch-Vorsprung verteidigen? Kompetenz ist global knapp und nimmt trotz wachsender Nachfrage sogar ab, weil die Ostasiaten als ihre Haupterzeuger bei den Geburten zurückgehen. Für alle OECD-Länder kann das Angebot für das Verbleiben in der Spitzengruppe nicht reichen. Der Löwenanteil der Begehrten muss aus China herausgelockt werden, um eben diesem Giganten Paroli bieten zu können.

Dafür stehen die Chancen so schlecht nicht. Viele Bürger wollen China verlassen, weil seinem technologischen Sturmlauf immer noch eine freiheitliche Begleitkultur fehlt. Deshalb kann nicht überraschen, dass nach dem Tian'anmen-Massaker von 1989 der Exodus der begabten Jugend nach Australien erst richtig Fahrt aufnimmt. Allein im Bundesstaat Victoria verdoppelt sich die chinesische Bevölkerung zwischen 1986 und 1991 auf 20 000.[381] 2016 ist dort eine Viertelmillion überschritten.[382]

Im Ergebnis liegen die drei ehemaligen Kronkolonien bei ihren chinesischen Bevölkerungsanteilen um die Faktoren 16 (NZ), 20 (CDN) und 22 (AUS) höher als etwa Deutschland. Die USA schaffen immerhin noch den Faktor 6.[383] Selbst Japan beherbergt – in absoluten Zahlen – sechsmal so viele Chinesen und Koreaner[384] wie die Bundesrepublik. Während Westeuropa sich mit Bildungsfernen aus Afrika und dem Islambogen füllt, laufen den angelsächsischen Ländern kompetente Ostasiaten zu. Dass ihre neuen Heimatländer damit auch bei der *Cognitive Ability* international nach vorne kommen, ist willkommen, obwohl es keineswegs von Beginn an so geplant war.

Wer ethnisch nicht diskriminiert, aber auf Leistung besteht, bekommt nämlich fast automatisch die Besten auch dann, wenn er vorher gar nicht weiß, wo sie zu finden sind. Bereits im ersten Jahrzehnt des 21. Jahrhundert macht sich dieser simple, aber effektive Immigrationsmechanismus bei der Verbesserung der ohnehin schon besten fünf Prozent der aufnehmenden Nationen bemerkbar. Aus dieser Minderheit kommen die Innovationen. Dabei scheint eine Kombination aus aschkenasischem Genie mit ostasiatischer Klarheit und Präzision bislang die besten Resultate zu liefern.

Da selbst hohe *Cognitive Ability* niemals zu hoch sein kein, sondern die Verteidigung von Firmen und ganzen Nationen immer nur erhöhen kann, besteht die smarteste Bevölkerungspolitik nicht in allgemeiner Geburtenförderung, sondern in der Eliteabwerbung aus den fünf Prozent Besten der ganzen Welt. Hohe Milliardenbeträge für die Förderung der unteren 50 Prozent sind wünschenswert und können auch positive Ergebnisse zeitigen, ohne dass jedoch die Schwelle zur Innovation erreicht wird. Selbst in avancierten Nationen, in denen man auf jeder Erziehungsstufe nach möglicherweise übersehenen Talenten fahndet und sie umgehend fördert, werden Kinder aus dem hochqualifizierten Segment mit den höchsten Einkommen (1%) zehnmal häufiger Erfinder als Kinder aus unterdurchschnittlich verdienenden Familien. Durch noch genaueres Durchkämmen letzterer auf mathematisch Hochbegabte kann dieser Abstand verringert werden. Vorhanden sein aber müssen diese versteckten Begabungen. Die Forscher versprechen nicht, auch ihre Menge vergrößern zu können.[385]

Durchschnitts-IQ der besten fünf Prozent in den kognitiv 15 stärksten Nationen zu Beginn des 21. Jahrhunderts. Für alle 90 untersuchten Nationen zusammen liegt der Durchschnitts-IQ der besten 5 Prozent bei nur 111.21.[386]* Einmal mehr bestätigt das die Chancenlosigkeit der Mehrheit der Nationen im Zeitalter von Hightech und Künstlicher Intelligenz.					
1. Singapur:	127.22	6. Kasachstan:	122.11	11. Finnland:	120 92
2. Südkorea:	125.25	7. Australien:	121.94	12. Estland:	120.76
3. Japan:	124.30	8. UK:	121.92	13. Kanada:	120.32
4. Neuseeland:	122.65	9. Hongkong:	121.54	14. USA:	120.30
5. Taiwan:	122.57	10. Lichtenstein:	121.22	15. Schweiz:	120.07
Es folgen sieben weitere Länder (darunter Österreich und Deutschland) über IQ119.					

* H. Rindermann, M. Sailer, J. Thompson, »The impact of smart fractions«, in *Talent Development /Excellence*, Bd. 1, Nr. 1, 2009, 3–25

Es kann also ein Einzelner aus dem besten Leistungsprozent 40 Patente entwickeln, während von 40 Millionen Menschen derselben Nation nicht ein einziges angemeldet wird. Bis sich das ändern lässt, predigt McKinsey seinen Kunden mit allem Recht: *Focus on the 5 percent who deliver 95 percent of the value.*[387]

Die Sorge vor Überqualifizierung durch Einwanderung und der daraus resultierenden Verdrängung einheimischer Könner ist menschlich zwar verständlich, langfristig aber töricht. Es kann niemals genug besonders Kluge geben; denn mit ihnen werden unvorhersehbare Angriffe der Konkurrenz pariert oder solche Wettbewerber souverän auf der Überholspur passiert.

Gleichwohl – und das zeigen die drei kleinen Anglos (AUS, CDN, NZ) längst in gebotener Deutlichkeit – zahlt man durch Toprekrutierung beim emotionalen Zusammenhalt einen Preis. Wie früher der *white flight* das Wegziehen aus Stadtvierteln mit zu vielen schlechten Schülern bedeutet, von denen man ein Absinken des eigenen Nachwuchses befürchtet, will der neue *white flight* den bis dahin führenden Kindern die für sie deprimierenden Begegnungen mit überlegenen Ostasiaten ersparen.[388]

In Australien schaffen schon bei PISA 2012 die Schüler alteingesessener Familien nur noch den dritten Platz hinter im Ausland geborenen Kindern und solchen, deren Eltern immerhin noch im Ausland geboren wurden.[389] Diese australischen Ergebnisse versetzen unserer pädagogischen Gewissheit einen Schock, dass die kreativitätsorientierte Erziehung des Westens dem vermeintlich stumpfen Auswendiglernen Ostasiens überlegen sei. Wäre das so, müssten die Kinder der Alteingesessenen weit vorne liegen, weil bereits ihre Eltern in den Genuss der Kreativpädagogik gekommen sind und deren Früchte dem eigenen Nachwuchs gleich nach der Geburt weitergeben konnten. Der bescheidene dritte Platz zeigt aber, dass hier offenbar noch nicht alles durchdacht wurde. Offensichtlich gibt es bereits vor der Erziehung Potenziale, deren Träger aus ihnen dann mehr herausholen können als Kinder ohne dieselben.

In den besten Schulen von New South Wales belegen ostasiatische Kinder neunzig und mehr Prozent der Plätze in den Exzellenzkursen für Mathematik und Naturwissenschaften.[390] Sie gelten als Streber. Nun ist ihr übermäßiges Büffeln durchaus unstrittig. Das aber ist es nicht, was sie besser abschneiden lässt als die übrigen. Das würden sie auch ohne extremen Fleiß schaffen. Das Streben dient ihnen vor allem dazu, besser als andere Ostasiaten abzuschneiden.

Dass die asiatischen Zuwanderer sich in der neuen Heimat nicht zurücklehnen, sondern weiter voranstreben, bestätigt die australische Einwanderungspolitik. Es zeigt allerdings auch, dass Integration nicht nur zwischen oben und unten, sondern auch zwischen ganz oben und ein wenig darunter schwerfällt. Schon im Schulalter erfolgen Abschottungen gegen für uninteressant befundene Mitschüler, die ein Leben lang andauern können.

Gehören die Besten in den Leistungskursen zusätzlich zu einer *visible minority* (umgehend als nicht-europäid erkennbar), braucht es besondere Anstrengungen für das Verhindern ethnischer Animositäten. Anders Aussehende mit relativ mehr Führungspositionen werden nicht automatisch auch respektiert oder gar gemocht. Da stehen sicher noch schwierige Überraschungen an.

Es gibt aber auch praktische Vorteile. Während beispielsweise in den USA der Aufbau von Eisenbahn-Hochgeschwindigkeitsnetzen bisher gescheitert ist (siehe Kap. IV A), könnte Australien aus ähnlichen Schwierigkeiten mit chinesischer Hilfe herausfinden. Schon 2016 gibt es Pekings Angebot an New South Wales, auf den 150 Kilometern zwischen Sydney und Newcastle eine solches System zu installieren.[391]

Werden chinesische Han womöglich zum Träger des technischen Weltgeistes, dessen eigentumsrechtliche Vorhut Georg Friedrich Wilhelm Hegel (1770–1831) im Italo-Franzosen *Napoleon Buonaparte* (1769–1821) 1806 als *Weltseele*[392] zu Pferde sah? Niemand schaut sich stärker in der Welt um als die Han. Schon 2017 geben sie im Ausland fast zweimal so viel Geld aus wie US-Amerikaner.[393] 2030 soll China auch daheim mehr Fremde empfangen als irgendein anderes Land.[394] Schaden kann solche Orientierung nicht.

Schauen wir nun auf die Wege der Dritten Welt, an der China bis 1979 den größten Anteil hatte.

V: Warum rutscht der Rest der Welt weiter ab?

Als Jim O'Neill im Jahr 2001 Indien dem BRIC-Quartett zuschlägt und damit zur ökonomischen Macht der Zukunft ausruft, wird das ganz selbstverständlich mit der größten jemals erwarteten Masse an jungen Menschen begründet und – vor dem Hintergrund westlicher Vergreisung – auch geglaubt. Quantität fasziniert, an Qualität wird nicht gedacht.

Die Wirtschaft der 1,37 Milliarden Inder entspricht – zum US-Dollar-Wechselkurs (2018) – in etwa der Wirtschaft Großbritanniens oder Frankreichs, obwohl die jeweils nur ein Zwanzigstel der indischen Bevölkerung aufweisen.[395] Davon aber lassen sich die Indien-Schwärmer nicht beirren. Zum ersten und einzigen Mal nehmen 2009 zwei Bundesstaaten Indiens (Tamil Nadu und Himachal Pradesh; zusammen 87 Mill. Einwohner [2018]) bei PISA teil und landen unter 74 Teilnehmern auf dem vorletzten Platz.[396] Jetzt hätte man umdenken können. Doch die Experten arbeiten weiter mit »dem« Menschen als potenziellem Einheitsgenie, weshalb Menge einfach siegen muss und der Indien-Hype weitergeht.

Auch ein Blick auf Indiens Patentanmeldungen gemäß dem hochkarätigen Patent Cooperation Treaty (PCT) unterbleibt.

Vergleich der 2018er PCT-Patentanmeldungen von 34 % der Weltbevölkerung mit China (18%)
2018 sind das ca. 2,65 Milliarden Menschen mit gut einem Patent auf eine Million Einwohner. In China (1,4 Milliarden), **53.345 Patente**; CA103) sind es rund 35 Patente auf 1 Million Einwohner.

Land	Bevölkerung (2018 [397])	Patentanmeldungen 2018 (PCT [398])	*Cognitive Ability* (CA unkorrigiert) [399]	Erforderliche Patente für China-Gleichstand
Indien	1,365 Mrd.	2013	CA 80	51435
Indonesien	270 Mill.	7	CA 85	10287
Brasilien	212 Mill.	619	CA 86	3077
Pakistan	204 Mill.	0	CA 83	7772
Nigeria	200 Mill.	2	CA 77	7620
Bangladesch	167 Mill.	76 (2017)	CA 80	6362
Mexiko	132 Mill.	274	CA 88	5029
Ägypten	100 Mill.	44	CA 83	3810
	2,650 Mrd.	**3035**		100 392*

* Für ein Gleichziehen mit China fehlen jährlich gut 97 000 Patente.

Obwohl Indien über noch mehr junge Menschen verfügt als China, schafft es 2018 nicht einmal vier Prozent der chinesischen Patente. Es ist in erster Linie Chinas *Cognitive Ability* (CA103 unkorrigiert), die – ungeachtet eindeutig schlechterer Eigentums- und Demokratiewerte – die Überlegenheit gegenüber der »Dritten Welt« erklärten kann, deren größter Teil es bis 1979 selbst gewesen ist. Dass dieser immense Rest der Menschheit – momentan 4,9 und 2050 rund 7 Milliarden Menschen[400] – aufgrund geringerer CA nicht einfach nur hinten liegt, sondern weiter abrutscht, wird exemplarisch in der Patente-Tabelle an mehr als der Hälfte dieser Abgeschlagenen illustriert. Nun mag man einwenden, dass die Kombination aus Eigentumsrechten, Mathe-Assen und Patentdichte kein ideales Faktorenbündel für die ökonomische Beurteilung einer Nation liefere. Das ist durchaus möglich. Doch bleibt die Gegenfrage nach zuverlässigeren Kriterien regelmäßig ohne Antwort.

Die vorzeitige Deindustrialisierung (*premature deindustrialization*) bildet ein besonders markantes Symptom für den relativen Niedergang des Restes der Welt. Von diesem Prozess gibt es allerdings eine Extremvariante, nämlich den »unfertigen Beginn« der Industrialisierung. Sein Musterbeispiel liefert Nigerias *Ajakouta Steel Company*, das größte Industrievorhaben in Afrikas menschenreichstem Land. Seit 1958 wird die Anlage geplant. 1979 wird der Bau begonnen. Sie beschert dem Staat seitdem zehn Milliarden Dollar Verluste. Sie hat noch niemals Stahl produziert. Dafür haben bereits 10 000 stolze Veteranen den Ruhestand erreicht. Auch ihre Pensionen kommen vom Steuerzahler. Gleichwohl ist die Zuversicht ungebrochen. Nur noch eine weitere Entwicklungsphase für lediglich zwei Milliarden Dollar sei – Stand 2017 – vonnöten und umgehend könne es losgehen.[401] Und doch wird auch 2019 noch kein Hochofen angefahren. Sollte jemals Stahl fließen, wäre er nur mit Verlust verkaufbar.

Mit über 200 Millionen Einwohnern (2019) birgt Nigeria die größte Wirtschaft im Subsahara-Raum mit seinen insgesamt 1,2 Milliarden Menschen. Das Land erzeugt 4000 Megawatt Elektrizität[402] und liegt damit deutlich hinter den 1,1 Millionen Zyprioten. Die Nigerianer schaffen 2018 die Anmeldung von 2 Patenten (PCT). Den 900 000 Million Fiji-Insulanern gelingt davon immerhin die volle Hälfte.[403]

Die Unfähigkeit zum Industrialisierungsbeginn erklärt, warum das in den übrigen Erdregionen beobachtete Wirtschaftswachstum durch Urbanisierung in Subsahara-Afrika weitgehend ausbleibt. 1950 gibt es dort keine Stadt mit über einer Million Einwohner. 2017 sind es 40, wobei Lagos mit 21 und Kinshasa mit 13 Millionen Einwohnern vorne liegen.[404] Die Hälfte dieser Städter verbleibt in Slums, weil sie in – vergeblicher – Hoffnung auf weniger Armut, nicht aber aufgrund agroindustrieller Unternehmen oder rein städtischer Industrien in die Metropolen ziehen.[405]

China und die Deindustrialisierung in Entwicklungsländern
Verglichen wird das Pro-Kopf-Einkommen in Wechselkurs-Dollar [406] 1980, 2015 und 2023 (Prognose), wobei China als Bezugsgröße (fett) dient. Es geht um Länder mit 2,5 Milliarden Einwohnern (2018), die trotz inzwischen reduzierter Geburtenraten ihre Auswandererzahlen erhöhen

Land	China	Indien	Indonesien	Nigeria	Pakistan	Bangladesch	Brasilien	Iran
1980	1:1	1:1	1:2	1:3	1:1	1:1	1:4	1:22
2015		5:1	2,5:1	3,3:1	5:1	5:1	1:1	1,6:1
2023		4,5:1	2,8:1	4,5:1	7:1	5,5:1	1,3:1	4,2:1

Experten erklären die ausbleibende Industrialisierung aus fehlenden gewerkschaftlichen Organisationen, die

Unternehmer zur Qualifizierung der Arbeiter zwingen könnten.[407] Zudem wird die hohe Automatisierung dafür verantwortlich gemacht, dass ohnehin nur wenige Arbeitsplätze durch Industrialisierung entstehen würden. Gleichwohl bestreiten die Gelehrten nicht, dass gleichzeitig hochautomatisierte Fabriken vor allem in Ostasien funktionieren und weiterentwickelt werden, obwohl die Löhne weit über afrikanischen oder lateinamerikanischen liegen.[408]

Das alles wird zwar genau, aber ratlos registriert. Man ähnelt westlichen Experten, die das Verschwinden von Industriebetrieben in Europa und Nordamerika beklagen, obwohl starke Gewerkschaften für die Erzwingung von Fortbildung durchaus vorhanden sind oder früher existiert haben. Ungeachtet solcher Faktoren steigt etwa in Deutschland in fast der Hälfte aller Großstädte (ab 100 000 Einwohner) zwischen 2007 und 2016 der Anteil an Sozialhilfeempfängern.[409] Obwohl Menschen als solche für das Aufsteigen in höherwertige Produktionssektoren zur Verfügung stehen und Mittel für ihre Höherqualifizierung aus vielen Töpfen fließen, findet der ersehnte Strukturwandel einfach nicht statt. Statt nach oben oder wenigstens nach vorne hat irgendetwas Unbekanntes die immerhin 37 betroffenen Städte in eine sogenannte »Armutsfalle« geführt.[410]

Zahllose Experten suchen nach Ideen, wie man sie dort herausholen kann. Da ihr Blick auf kognitive Grenzen, also auf die tendenzielle Unbeschulbarkeit unterbleibt, verfallen sie in eine Mixtur aus weiteren

Milliardenforderungen für die Fortbildung und zwischenzeitlich durchbrechender Resignation. Das bringt nichts in Gelsenkirchen, wo ein Viertel der 260 000 Einwohner von Sozialhilfe lebt. Und es ändert auch nichts für 1,2 Milliarden Afrikaner (2,4 Milliarden um 2050) oder 650 Millionen Lateinamerikaner (800 Millionen um 2050), die von ostasiatischen Konkurrenten auf bescheidene Überlebenswege durch Rohstoffgewinnung und Landwirtschaft zurückgedrängt werden.[411]

Den 660 Millionen Südostasiaten (800 Millionen um 2050) ergeht es – mit Ausnahmen wie Singapur oder Vietnam – kaum anders.[412] Das Musterbeispiel Malaysia – mit Indonesien, den Philippinen, Thailand und Vietnam im einst hochgelobten Klub der *Tiger Cub Economies* – überschreitet sein industrielles Maximum bereits 2004.[413] Allein Vietnam erfüllt die jungtigerischen Versprechen. Seine *Cognitive Ability* liegt bei 100 (unkorrigiert). Malaysia und Thailand mit 90 sowie Indonesien (85) und die Philippinen (80) können da nicht mithalten.[414] Die 1,35 Milliarden Inder (1,7 Milliarden um 2050) erreichen ihren Industrialisierungsgipfel 2008.[415] Greenpeace sieht 22 der 30 giftigsten Städte weltweit in Indien (2019),[416] wo gleichwohl die industrielle Potenz für ein großes Entgiften nicht erkennbar ist. Die übrigen 580 Millionen Südasiaten (700 Millionen um 2050) fahren kaum besser. Über 400 Millionen Araber schaffen 2018 nicht einmal die Hälfte (922) der PCT-Patente der acht Millionen Israelis (1899)[417], so dass unerfindlich bleibt, mit welchen

Innovationen sie einmal die Weltmärkte aufmischen könnten.

Gebetsmühlenhaft werden mehr Investitionen in Humankapital gefordert,[418] obwohl die nach 1945 fast nur gestiegen sind und doch die großen Entwicklungsunterschiede nicht verhindert haben. Auch vom neuerlichen oder erstmaligen Erheben von Einfuhrzöllen[419] erwartet sich mancher eine Wende für die Milliarden Abgeschlagenen. Doch dadurch werden die Abgeschirmten ja nicht klüger. Zugleich verlieren die dadurch abgeblockten Exporteure keineswegs ihren Verstand, sondern setzen ihn für die Vergrößerung ihres Vorsprungs ein. China arbeitet dabei mit CA103 gegen CA77 bis CA90 bei den Beschützten in rund 130 Ländern der Welt.

Zölle sind ein Mittel für Könner, die zwar spät in die Eigentumswirtschaft starten, aber nicht nur aufholen können, sondern die Potenz zum Überholen besitzen. Wo die Kompetenz der Klugen zum Aufholen fehlt, kann sie – zumindest bisher – weder durch Zeit noch durch Geld implantiert werden. Alles, was einem erst durch fremde Entwicklungshelfer beigebracht werden muss, schafft bis zur Deindustrialisierung lediglich eine Scheinblüte. Allein maximale Lernfähigkeit ermöglicht einen nachhaltigen Weg an die Spitze.

Gleichwohl setzten unzureichende Geburtenzahlen den potenziellen Siegern eine Grenze. Doch dieser Nachteil bietet der Restwelt keineswegs eine Chance, sondern vergrößert nur ihre Verwundbarkeit.

Indiens Megabevölkerung mag nur minimale Anteile an Mathe-Assen enthalten, aber pro Fünfjahreskohorte steht man mit bis zu zwei Millionen Könnern immerhin zehnmal besser da als etwa Deutschland (s. Kap. III). Für eine ganze Reihe demografisch kleinerer Nationen reicht die Einwanderung indischer Talente für ein längeres Verbleiben in der Spitze. Dazu gehören auch die USA mit 4,4 Millionen Indern – darunter vier Nobelpreisträger sowie zwei Mathematiker mit Fields-Medaille.[420]

Da das Werben der OECD-Staaten um die Begabungen der Ärmsten niemals aufhört, müssen sich die ökonomischen Überlebenschancen im Rest der Welt stetig verschlechtern. Da die Abschöpfer der Besten überdies die Konkurrenz untereinander niemals einstellen können, müssen selbst ihre momentan für Notgebiete noch bereitgestellten Almosen dem Erhalt der eigenen Wettbewerbsfähigkeit zugeführt werden.

Der Rückfall auf wenig differenzierte, tendenziell also in Autarkie mündende Reproduktionsformen wird unausweichlich. Da man auf diesem Wege Milliardenbevölkerungen allerdings nicht versorgen kann, können die Flucht- und Migrationswünsche von heute über 900 Millionen und 2050 über 1,3 Milliarden Menschen nur weiter ansteigen (s. Kap. IV A).

Obwohl – mangels Flotten und Luftwaffen – tödliche Gewalt zwischen den Zurückfallenden zumeist in der nächsten Nachbarschaft zum Einsatz kommt, wird ein Teil der absinkenden Staaten auch über Massenvernichtungswaffen sowie über Träger für ihren Ferneinsatz verfügen. Solche global gefürchteten Bedrohungen könnten in den hochentwickelten Teilen der Erde Bündnisse zwischen bisher schwer Vereinbaren für eine neue Weltordnung inspirieren. Eine permanent zu schützende Grenze trennt dann die kleiner werdende demografische Minderheit der technologischen Zivilisation von einer zweifachen und bald dreifachen Mehrheit draußen, die auf Jahrzehnte hinaus nicht mitziehen kann.

VI: Eine Global-Doktrin

Als Japan ab den 1970er Jahren westliche Märkte erobert, wird dieser Aufstieg nicht analysiert, sondern glorifiziert oder dämonisiert. Weil das MITI-Industrieministerium mit seinen zentralen Kompetenzen als Ursache des Erfolges gesehen wird, kann er nicht mehr als Resultat eines noch unerkannten Faktors unter die Lupe genommen werden. Als Japan dann doch nur den zweiten Platz hinter den USA erreicht, werden die ökonomischen Siegesprognosen beschämt vergessen und eingestampft, bevor das an ihnen Richtige identifiziert werden kann. Die 1982er Entdeckung des überlegenen japanischen IQ (105 gegenüber dem Anglodurchschnitt von 100) durch den Psychologen David Lynn wird von den Ökonomen nicht mehr zur Kenntnis genommen. Sie sind ohnehin betriebsblind durch ihre tiefsitzende Überzeugung, dass hohe Geldmittel für Erziehung automatisch zu gleich hohen Qualifikationen führen.

Lediglich Japans Scheitern beim Sprung ganz nach oben wird als Lehre mit einer gewissen Schadenfreude festgehalten und flugs auf das demografisch elfmal stärkere China übertragen. Warum Japans Weltführerschaft etwa bei Kameras, Tonträgern und Robotern bis heute weitergeht und keineswegs nach Europa oder Amerika zurückfindet, erregt keine Neugier. Man schaut auf China durch die Lupe eines vermeintlichen japanischen Fiaskos und glaubt dann dort noch einmal dasselbe zu sehen. Die wirklichen Stärken des chinesischen Aufsteigers werden mit Formeln wie Staatskapitalismus oder staatliche Industriepolitik zugekleistert, obwohl 80 Prozent der urbanen Wirtschaft in privater Hand sind. Dass in Afrika, Südamerika oder Südasien ähnliche Instrumente vergeblich bleiben, wird nicht zum Anstoß zur Suche nach anderen, etwa kognitiven Erfolgsfaktoren.

Dabei könnte ein Blick auf die entscheidenden Forschungsfelder schnell den Horizont erweitern. Wie die digitale Steuerung der anorganischen Welt seit den 1980er Jahren den industriellen Fortschritt bestimmt, wird das Umcodieren und Neudrucken organischer Informationen durch synthetische Biologie die Industrie der Zukunft forcieren. Die Nachwuchstalente (Oberstufenschüler und Studenten) dieser Disziplin veranstalten seit 2003 die *International Genetically Engineered Machine Competition* (IGEM). 2018 fallen 44 Prozent der Goldmedaillen und 54 Prozent der Silbermedaillen an Ostasiaten. Indien, wo es zwar weniger Einwohner, aber mehr Jugendliche und Freiheit gibt als in China, kommt nur auf 3,5 bzw. 1,5 Prozent.[421] Viele Siegerteams der westlichen Nationen verstärken sich durch Einwandererkinder aus Ostasien. Das beste amerikanische Team (University of California/San Diego) hat unter sieben Mitgliedern einen einzigen – übrigens – weiblichen WASP.[422] Auch 2019 siegen die USA. Im Team stehen fünf Ostasiaten und wiederum nur ein – diesmal männlicher – WASP.

Wenn – bei vergleichbaren Eigentumsstrukturen – die höhere Kompetenz auch die höhere Leistung erklärt und Chinas *Cognitive Ability* näher bei der japanischen als der westlichen liegt, geht aktuell ein Konkurrent ins Rennen, der nicht schlechter arbeitet als Japan, dieses aber demografisch vielfach übertrifft und beim Durchschnittsalter deutlich unterbietet. 1,4 Milliarden Menschen mit fast 800 Millionen Arbeitskräften – die Weltbevölkerung von 1880 – erzeugen einen anderen Druck als 125 Millionen mit 65 Millionen Arbeitskräften.

Wer für China eine schlichte Wiederholung des japanischen Aufsteigens mit anschließendem Stagnieren behauptet, also bestenfalls den zweiten Platz hinter den USA für möglich hält, muss für eine solche Annahme Gründe nennen. Das umgehend vorgebrachte zu hohe Durchschnittsalter Chinas fällt mit 37 Jahren in Wirklichkeit geringer aus als bei fast allen Konkurrenten. Lediglich die bald 100 Millionen Vietnamesen (2050 rund 125 Mill.), die dem ostasiatischen Kompetenzniveau nahe kommen, sind mit 30 Jahren deutlich jünger. Nach ihrem militärischen Sieg über

Frankreich (1954) und Amerikas Abzug aus Saigon (1975) wird man von den kapitalistischen Erben Ho Chi Minhs (1890–1969) noch viel hören.

Fallende Geburtenzahlen gelten als weiteres Handicap des chinesischen Giganten. Das stimmt, trifft die Konkurrenten aber in gleicher Weise. In den USA fällt die Kinderzahl pro Frauenleben zwischen 2007 und 2018 von 2,12 auf 1,73, den tiefsten jemals gemessenen Stand.[423] Nur China jedoch hat zumindest Chancen, seiner »vollumfänglichen« Zweikinder-Politik auch in Wirklichkeit näher zu kommen.

Unstrittig bleibt das Demokratiedefizit und das daraus resultierende Streben von Chinas Könnern in die angelsächsische Welt. Sie bleibt mit ihren 470 Millionen Einwohnern auf 28 Millionen Quadratkilometern einstweilen das Rückgrat der westlichen Zivilisation. Ihr Idiom ist die Weltsprache. Der US-Dollar ist die Weltwährung. Die *Five Eyes*-Spionage behält globale Gefahren im Blick. Ihre AUSCANNZUKUS-Flottenkoordination sichert die Handelswege und zwei Nuklearmächte sorgen für Unangreifbarkeit. Sollte Washington – aus welchen Gründen auch immer – einmal nicht antreten können oder wollen, ist im Westen nur noch London fähig, eine internationale militärische Operation zu führen und logistisch zu koordinieren.[424]

Alle fünf Nationen zusammen bekämpfen den heimischen Talentmangel bereits heute mit knapp 14 Millionen ausgesuchten Ostasiaten (9 Mill. Chinesen, 3 Mill. Koreaner, 1,7 Mill. Japaner).[425] Die

Han-Exilanten – weltweit über 50 Millionen[426] – stärken die ökonomische Konkurrenzfähigkeit ihrer neuen Heimatländer, aber können mit unzählbaren privaten Bindungen zwischen den beiden ganz Großen die gegenseitige Verflechtung erleichtern.

Viel wichtiger aber ist, dass Chinesen und Westler aufgrund der gegenseitigen nuklearen Vernichtungsfähigkeit direkte militärische Auseinandersetzungen scheuen müssen. Überdies fehlen ihnen die heldentodwilligen zweiten bis vierten Söhne pro Mutter, die in anderen Erdregionen Großtötungen noch in Gang halten.

Als im 19./20. Jh. Deutschland Großbritannien vom ersten Platz verdrängen will, gibt es die nuklear erzwungene Vorsicht bekanntlich noch nicht. Überdies erlauben im Ersten Weltkrieg Europas bis dahin überbordende Geburtenraten das Verheizen von acht Millionen jungen Männern (ohne Zivilisten[427]), die – mit der Ausnahme Frankreichs, das massiv einzige Söhne verliert – aus der demografischen Portokasse genommen werden.

Über drei liegt damals Europas Kriegsindex, während er heute unter eins gerutscht ist.[428] Es folgen also nicht mehr mindestens 3000 15- bis 19-jährige Heißsporne auf 1000 25- bis 59-jährige Rentenanwärter, sondern nur noch 600 bis 1000. Jeder Gefallene – einziger Sohn oder gar einziges Kind seiner Mutter – löscht die Familienlinie aus. Auch das sorgt für Zurückhaltung beim Einsatz des Militärs.

Eine so genannte Thukydides-Falle[429], bei der Führungsmacht und Herausforderer ähnlich stark sind, weshalb beide unabhängig voneinander zumindest eine gute Chance auf das Überstehen eines Krieges kalkulieren, gibt es zwischen den Nuklearmächten USA und China nicht. Unbeabsichtigte Verstrickungen ins Militärische hinein schließt das nicht aus. Doch auch dann sollten Personalmangel und Vernichtungsgefahr für rasche Auswege und Deeskalation sorgen.

Herbert George Wells (1866–1946) publiziert 1901 seine *Anticipations of the Reaction of Mechanical and Scientific Progress upon Human Life and Thought*. Nicht Großbritannien, deren Eliten er verachtet, schon gar nicht Frankreich und auch nicht Deutschland, sondern Amerika sieht er als die Großmacht einer neuen Zivilisation permanent erhöhter Geschwindigkeiten von allem und jedem:

> *»Die Nation, die in naher Zukunft die größte proportionale Entwicklung von ausgebildeten und intelligenten Ingenieuren und Landwirten, von Ärzten, Schulmeistern, Berufssoldaten und geistig aktiven Menschen aller Art hervorbringt, wird sicherlich die mächtigste Nation in Krieg und Frieden, wird gewiss die aufsteigende oder mindestens dominante Nation noch vor dem Jahr 2000 sein.«*[430]

Das Amerika Thomas Jeffersons (1743–1826) und Abraham Lincolns (1809–1865) hatte für die Welt eine charmante Botschaft, weil es Leben, Eigentum und Freiheit mit dem Streben nach Glück verband und dafür keinerlei Grenzen setzte. Noch heute werden Reiche in Amerika und Großbritannien von weniger als 20 Prozent der Mitmenschen mit Neid verfolgt, während ihnen in Frankreich oder Deutschland ein volles Drittel übelwill.[431] China würde durch Übernahme solcher Leitlinien den Zivilisationsraum dominieren. Es darf dabei ebenfalls am modernsten und reichsten werden und dafür – wie seinerzeit Amerika – mindestens so sehr bewundert wie beargwöhnt und beneidet werden. Aber werden Chinesen sich einbinden lassen? Werden die anderen für sie interessant genug bleiben? Davon hängt alles ab!

Wer nicht nur zahlreich ist, sondern überdies am besten lernen kann, gewinnt! So lautet die Formel. Wells hatte die heutigen Konkurrenten seiner »white nations« noch kaum im Blick. Gleichwohl hält sich sein Rassismus in Grenzen. Er kann sich »die Renaissance Ostasiens«[432] durchaus vorstellen. Lebte er heute, müsste er bei Anwendung seiner Kriterien China vor oder mindestens neben das bisherige Anglo-Quintett setzen. Eine unkriegerische Zukunft müssen zuerst diese beiden Blöcke aushandeln. Russland und die übrigen Kandidaten würden sich dann schon bemühen, mit ins Boot der Erfolgreichen zu dürfen.

Wenn China in einer Fünfjahreskohorte über zwanzig Millionen Mathematikbegabte aufbieten kann, Amerika aber nur drei Millionen, wird es für ein kognitives Gleichgewicht noch viele Umzüge über den Pazifik geben müssen. 2016 entlassen Amerikas Universitäten 570 000 MINT-Absolventen auf die Arbeitsmärkte, die chinesischen aber 4,7 Millionen.[433] Erfolgt hingegen ein weiteres relatives Absinken des amerikanischen Leistungsniveaus, könnten anglifizierte Chinesen sogar in die Heimat zurückkehren.

Da die wirtschaftliche Konkurrenz zwischen beiden Blöcken niemals aufhören kann, Irritationen also häufig bleiben und durch unvermeidliche Finanzkrisen noch verschärft werden, braucht es für ein unblutiges Auskommen eine gemeinsame Aufgabe. Die muss auch die Mega-Atommacht Russland einschließen. Das Land liegt bei Mathematikbegabten pro Fünfjahreskohorte knapp viermal und absolut rund achtmal über Deutschland. Militärisch überdehnt es seine Möglichkeiten, ökonomisch bzw. bei der Eigentumsverfassung aber bleibt es weit unter ihnen. Vom Potenzial her steht es gleichwohl besser da als Kontinental-Westeuropa (ohne UK und Skandinavien). Bei Rohstoffen ist es sorgenlos und militärisch bleibt es unantastbar. Wenn sich auf dem Weg in eine große Allianz Russlands Rohstoffkapitalismus mit seinen gangsterhaften Verbindungen zu allerhöchsten deutschen und skandinavischen Staatschargen[434] in ein rechtskonform arbeitendes Firmennetz verwandelt, wären zwei Fliegen mit einer Klappe geschlagen. Nichts davon ist jedoch einfach zu haben, und alle Skepsis gegenüber einem solchen Vorhaben bleibt vielfältig begründbar. Ohne eine dem Nürnberger Prozess vergleichbare Aufarbeitung seiner

Geschichte von Massenverbrechen, die Wladimir Bukowski seit Jahrzehnten fordert,[435] kann das Land seinen zivilisatorisch gleichwohl essentiellen Beitrag nicht erbringen.

Das Abschirmen der technischen Zivilisation durch Peking, Washington und Moskau wäre ein naheliegendes Gemeinschaftsunternehmen. Es geht dabei um ein Drittel gegen zwei Drittel, im Jahr 2050 sogar um ein Viertel gegen drei Viertel der übrigen Menschheit. Der zu beschützende Raum wird nur als konservativer eine Zukunft haben, also das Dreieck aus Leben, Eigentum und Freiheit immer im Zielhorizont halten müssen. Es geht um die welthistorisch einzigartige Verbindung aus der Lebensheiligkeit des jüdischen Monotheismus mit der Eigentumszivilisation der griechisch-römischen Welt.

Zöge China dabei mit, entstünde ein nachhaltiger Hoffnungsraum fürs Ganze. Ohne diese Mitte würde es ungemein schwierig. Ein abrutschendes Amerika wäre nicht weniger destruktiv. Sinkt es Richtung Südamerika, kann es kein Partner bleiben. Die am schnellsten wachsende Bevölkerungsgruppe der USA sind »Hispanics« mit rund 25 Prozent aller Neugeborenen. 2018 erreichen sie bei den Mathematiktests für die Universität (SAT) 489 Punkte. »Whites« schaffen 557. »Asians« (Chinesen etc.) hingegen dominieren mit 635 Punkten.[436] Überträgt man diese inneramerikanische Rangfolge auf die Einzelnationen, erkennt man die Machtverhältnisse der Zukunft. Bleibt es beim Zerbröckeln der Pax Americana, wird China so lange wie möglich von ihren Errungenschaften, Ausgaben und Operationen profitieren, gleichzeitig militärisch stetig stärker werden und zu gebotener Stunde als Ordnungsmacht übernehmen müssen

Die Bewohner des Zivilisationsraumes können ihn nur bewahren, wenn sie Familien haben, Demokratie und Gewaltenteilung verteidigen und das Leistungsprinzip gegen Privilegien für oben oder unten abschirmen. Das Verbleiben im Raum befördern sie durch das Halten eigener Talente, den nie endenden Wettstreit um die knappen Klugen und den Widerstand gegen woher auch immer kommende Niveausenker.

Das Konservative ist nicht neu, sondern entspricht abendländischen Traditionen. Und doch werden aus der Alten Welt nur solche Regionen dabei sein oder bleiben, die diesen Standards auch in Zukunft entsprechen können. Über das eklatante Abrutschen von Ländern wie Frankreich, Italien oder Deutschland nicht zu trauern, wäre herzlos. Doch Passivität gegenüber ihrem weiteren Niveauverlust liefert keineswegs die einzige Option. Längst gibt es Gegenbewegungen. Man kann sie als konservativen Internationalismus bezeichnen. Seine Vertreter verstehen, dass große Teile des Kontinents der dauerhaften Bildungsferne nicht mehr entrinnen können. 2007 liefert Europa immerhin noch 34 Prozent der globalen PCT-Patentanmeldungen. Bis 2018 geht es – bei weiterhin fallender Tendenz – herunter auf 24 Prozent. Gleichzeitig springt Gesamt-Asien von 28 auf 51 Prozent.[437] Drei Viertel der europäischen Anmeldungen liefern Skandinavien, Osteuropa sowie Deutschland und der niederländische Raum. Die übrigen 200 Millionen Westeuropäer schaffen gerade so viele wie Niederländer, Schweizer und Schweden, die zusammen mit nur 35 Millionen Menschen im globalen Rennen stehen.[438]

Deshalb halten die Könner aus Kontinentaleuropa Ausschau nach gut gewappneten Kompetenzfestungen, um dort die Demografie zu stabilisieren, aber auch die Grenzen zu sichern. Nur die Besten und die noch nicht zu Alten haben eine Chance. Aber auch dabei geht es um etliche Millionen, die überall mit Handkuss genommen werden. Zu ihnen gehören selbstverständlich auch – seit den 1960er Jahren – nach Westeuropa Eingewanderte. Darunter sind Muslime, Buddhisten, Hindus, Konfuzianer und Atheisten, die über das Absinken ihrer Zwischenheimat nicht weniger bestürzt sind als die Alteingesessenen.

Die Nationen im entwickelten Raum fürchten nicht endende Heere ohne Qualifikationen viel mehr als herkömmlich Divisionen mit ihren Kanonen. Den Kern dieses Raums bildet bis auf weiteres der Nordatlantik mit den beiden Anglo-Nuklearmächten in einer Gesamtallianz von Alaska bis Estland. Ein hinzugewonnenes Russland schließt den Raum bis zur Gegenküste von Alaska. Im Süden rührt der Raum an Mexiko. Manövriermasse wird Kontinentaleuropa bis zur Oder. In Asien bleibt alles südlich von Russland/Kasachstan und China außen vor, während Ozeanien dazugehört.

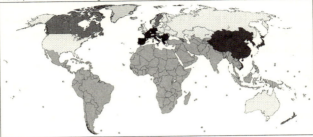

Zwei Drittel und bis 2060 drei Viertel der Menschheit (grau) können in der globalen Konkurrenz nicht mithalten. Ihre Talente fliehen deshalb in den Zivilisationsraum (farbig). Aufgrund sinkender Cognitive Ability werden sich die westeuropäischen Gebiete (schwarz) nur dann im Raum halten, wenn Talente der übrigen Welt massiv zu ihnen überwechseln.

Doch die durch Einhegung dieses Raumes erreichbare Sicherheit reicht nur als partikulare Legitimation. Auch die darf nicht als gering veranschlagt werden. Es geht immerhin um eine Kompetenzwelt von rund 64 Millionen km². Ihre heute 2,6 Milliarden Bewohner – das entspricht der Weltbevölkerung von 1950 – betreiben die effektivsten Ökonomien und umfassen weit über 90 Prozent der Musterschüler.

Der übrigen Menschheit dient der Zivilisationsraum als Vorbild und Schranke zugleich. Er hält den Beitritt offen für Kandidaten, die sich weit genug transformieren, um global mitzuhalten. Wer hinten liegt, muss dort nicht bleiben. Wer oben steht, kann sich niemals in Sicherheit wiegen. Gleichwohl wird der Wechsel auf absehbare Zeit nur wenigen der außerhalb liegenden Länder gelingen, weil ihre von vornherein raren Talente stetig auf die andere Seite streben und dort aus demografischer Not auch gerne genommen werden. So wollen aus Subsahara-Afrika heute schon mehr als 50 Prozent der Bestqualifizierten (Abitur und höher) ihre Heimat verlassen.[439]

Es wird militärisch immer eine Herausforderung bleiben, die Zivilisation gegen heute knapp fünf und 2050 über sieben Milliarden Einwohner der abgeschlagenen Territorien abzuschirmen. Die bündnishafte Kameradschaft bei der Organisation ihres Schutzes mag den gewaltsamen Ausbruch interner Konflikte gering halten. Eine universale Legitimation allerdings liefert die bloße Binnensicherung nicht. Ohne eine solche Globalpflicht aber entsteht kein gemeinsames Verantwortungsgefühl. Da es immer schon schwer war, Russland und Ostasien in humanitäre Interventionen einzubinden, stellt ein solches Ziel eine immense Herausforderung dar.

Weltweite Legitimation gewönne die Zivilisation nicht durch ohnehin unhaltbare Versorgungsversprechen an die übrige Welt. Gleichwohl können ihre ernsthaften Helfer jederzeit dorthin übersiedeln, um ihre Entwicklungskonzepte an der Wirklichkeit zu erproben. Hundert Nobelpreise für Frieden und Wirtschaft auf einen Schlag sollte man denjenigen in Aussicht stellen, die auch den Rest der Welt für vordere Plätze fit machen können. Bis dahin könnte das Ausschalten von Massenvernichtungswaffen und Völkermördern im Außenraum als universale Legitimation taugen.

Selbstredend könnte man auch mit dem Entfernen von Plastik aus den Ozeanen und den Bäuchen der

Wale Vorbildliches fürs Ganze leisten. Wer würde dafür nicht dankbar sein? Doch die Unterbindung von Genozid und anderen Massentötungen wäre womöglich das Beste, das die Zivilisation global anzubieten hätte. Weil sie dazu militärtechnisch allemal im Stande wäre, müsste sie kein leeres Versprechen bleiben.

Gleichwohl wäre es keine Friedensgarantie. Schon seit 1970 verliert allein Afrika rund 20 Millionen Menschen durch interne Kriege und Genozide.[440] Obwohl das horrende Zahlen sind, sollte man bei der Beurteilung bedenken, dass dieses halbe Jahrhundert weit hinter dem tödlichen Rasen der Europäer bzw. der »Weißen« liegt, die in nur dreißig Jahren (1914–1945) mit Globalkriegen, Gulags und Völkermorden mindestens fünfmal so viele Menschen Menschenzahl umbringen. Zudem geht es selbst in Afrika keineswegs nur mehr ums nackte Überleben: »Im Jahr 1800 beträgt die Nahrungsversorgung pro Person und Tag in Frankreich, damals unter den bestentwickelten Ländern der Erde, nur 1846 Kalorien. In Afrika, seit langem ärmster Kontinent der Welt, liegt 2013 die Nahrungsaufnahme pro Person und Tag bei 2624 Kalorien.« [441]

Anmerkungen

1 S. Keller, M. Meaney, »Attracting and retaining the right Talent«, *McKinsey*, November 2017; www.mckinsey.com/business-functions/organization/our-insights/attracting-and-retaining-the-right-talent; Zugriff 21. März 2019
2 Siehe ausführlich H. Rindermann, *Cognitive Capitalism*, Cambridge: Cambridge University Press, 2018
3 Statistics Canada, »Ethnic and cultural origins of Canadians«, 25. Oktober 2017; www12.statcan.gc.ca/census-recensement/2016/as-sa/98-200-x/2016016/98-200-x2016016-eng.cfm; Zugriff 14. Juni 2019
4 Japan Times, »Centenarians in Japan hit record 69,785, nearly 90 % of them women«; 14. September 2018; www.japantimes.co.jp/news/2018/09/14/national/centenarians-japan-hit-record-69785-nearly-90-women/#.XJ4MHphKhPY; Zugriff 29. März 2019
5 E. G. Chambers, M. Foulon, H. Handfield-Jones, S. E. Hankin, E. G. Michaels, »The War for Talent«, *McKinsey Quarterly*, Bd. 3, Nr. 3, Januar 1998, 44–57; www.researchgate.net/publication/284689712_The_War_for_Talent; siehe später E. Michaels et al., The War for Talent, Cambridge/Mass. Harvard University Press, 2001
6 Siehe etwa J. Veder, *Reducing Human Capital Risk in a global war for talent. How recruitment agencies could help in recruiting and retaining talent*, Hamburg: Diplomica, 2008
7 US News and World Report, »Top 10 Countries for Technological Expertise, Ranked by Perception«; 1. Februar 2019; www.usnews.com/news/best-countries/slideshows/

top-10-countries-for-technological-expertise-ranked-by-perception?onepage; Zugriff 18. Juli 2019

8   R. Lynn, »IQ in Japan and the United States shows a growing disparity«, *Nature*, Nr. 297, 1982, 222–223; www.nature.com/articles/297222a0; Zugriff 20. Februar 2019

9   K. J. Schmidt, »The League of Nations«, *American History*, 2012; www.let.rug.nl/usa/essays/1901-/the-league-of-nations-karl-j-schmidt.php; Zugriff 13. Juni 2019

10 P. G. Gordon, *Power And Prejudice: The Politics And Diplomacy Of Racial Discrimination*, Boulder: Westview Press, 1988, 90 (*Inferiority. / Ninety-five out of one hundred Australians rejected the very idea of equality.*)

11 E. Hosie, »Rio Tinto AutoHaul trains establish WA as ›global leader‹ for rail technology«, *Rail Express*, 14. Juni 2019; www.railexpress.com.au/rio-tinto-autohaul-trains-establish-wa-as-global-leader-for-rail-technology/; Zugriff 14. Juni 2019

12 WIPO, »Technology Trends 2019: Artificial Intelligence«, World Intellectual Property Organization, 2019, S. 60; www.wipo.int/edocs/pubdocs/en/wipo_pub_1055.pdf; Zugriff 15. April 2019

13 Siehe ausführlich bereits G. Heinsohn, O. Steiger, »Geld, Produktivität und Unsicherheit in Kapitalismus und Sozialismus: Von den Lollarden Wat Tylors zur Solidarität Lech Walesas«, *Leviathan*, 1981, Bd. 9, Nr. 2, 164–194

14 Vgl. ausführlich G. Heinsohn, O. Steiger, *Die Vernichtung der Weisen Frauen* (19851), Augsburg: März, 2005

15 R. Connaughton, *Rising Sun and Tumbling Bear: Russia's War With Japan*, London: Cassell Military Paperbacks, 2003.

16 WIPO, »Innovators File Record Number of International Patent Applications, With Asia Now Leading«, 19. März 2019; www.wipo.int/pressroom/en/articles/2019/article_0004.html#patents; Zugriff 14. Juni 2019

17 Siehe Tabelle am Ende von Kapitel V unten

18 (1) Wikipedia contributors, »Overseas Chinese«, 29. März 2019; en.wikipedia.org/w/index.php?title=Overseas_Chinese/oldid=889962322; Zugriff 30. März 2019. (2) Wikipedia contributors, »Japanese diaspora«, 16. März 2019; fromen.wikipedia.org/w/index.php?title=Japanese_diaspora/oldid=887976273; Zugriff 30. März 2019. (3) Wikipedia contributors, »Korean diaspora«, 15. März 2019; en.wikipedia.org/w/index.php?title=Korean_diaspora/oldid=887810148; Zugriff 30. März 2019

19 Deutsche Welle, »US-Institut: Zahl der Muslime in Europa-steigt«, 13. November 2017; www.dw.com/de/us-institut-zahl-der-muslime-in-europa-steigt/a-41589430; Zugriff 30. März 2019

20 T. Kemper, *Bildungsdisparitäten von Schülern nach Staatsangehörigkeit und Migrationshintergrund*, Münster et al.; Waxmann, 2015, 89, 154–157

21 Worldometers, »Current World Population«, 15. Juni 2019; www.worldometers.info/world-population/; Zugriff 15. Juni 2019

22 M. Walser, »So digital denken deutsche Bauern«, *Süddeutsche Zeitung*, 20. Juni 2017; www.sueddeutsche.de/wirtschaft/viehzucht-so-digital-denken-deutsche-bauern-1.3550750; Zugriff 26. März 2019

23 A. Narr, »Vom Ruhm der Qualitaet kann man auf Dauer nicht leben«, *Vietnam Business News*, 27. März 2017; wji.at/Vietnam-News/vom-ruhm-der-qualitaet-kann-man-auf-dauer-nicht-leben-europa-asien-die-qualitaet-geht-dahin-wo-sie-am-wenigsten-kostet/; Zugriff 27. Januar 2019

24 Conference Board, »International Comparisons of Hourly Compensation Costs in Manufacturing, 2016 – Summary Tables«, 19. April 2018; www.conference-board.org/ilcprogram/index.cfm?id=38 269; Zugriff 26 März 2019

25 Tagesschau.de, »So viel Geld floss nach Griechenland«, 15. Juli 2018; www.tagesschau.de/wirtschaft/rettungspakete-101.html; Zugriff 26. März 2019

26 Statista, »Griechenland: Anzahl der Erwerbstätigen von 2008 bis 2018 (in Millionen)«, 2019; de.statista.com/statistik/daten/studie/204350/umfrage/erwerbstaetige-in-griechenland/; Zugriff 26. März 2019

27 D. Workman, »Greece's Top Ten Exports«, *World's Top Exports*, 21. Februar 2919, www.worldstopexports.com/greeces-top-10-exports/; Zugriff 26. März 2019

28 Time, »World: Toward the Japanese Century«, 2. März 1970; content.time.com/time/magazine/0,9263,7601700302,00.html; Zugriff 26. März 2019

29 Populstat, »Japan:historical demographical data of the whole country«, 19. Mai 2004; www.populstat.info/Asia/japanc.htm; Zugriff 26. März 2019

30 T. Zengage, T. Ratcliffe, *The Japanese Century*, London: Longman, 1988

31 Vgl. etwa C. A. Johnson, *MITI and the Japanese Miracle*, Stanford: Stanford University Press, 2002; B. Johnstone, *We were burning: Japanese entrepreneurs and the forging of the electronic age*, New York: Basic Books, 1999

32 The Global Economy, »Japan: Percent of world GDP«, 2018; www.theglobaleconomy.com/Japan/gdp_share/; Zugriff 30. Januar 2019

33 Eurostat, »R/D Expenditure«, March 2019; ec.europa.eu/eurostat/statistics-explained/index.php/R_%26_D_expenditure; Zugriff 2. April 2019

34 United Nations Industrial Development Organisation (UNIDO), »Competitive Industrial Performance Index«; 2018, stat.unido.org/database/CIP%202018; Zugriff 30. Januar 2019

35 J. Holslag, *The Silkroad Trap. How China's Trade Ambitions Challenge Europe*, Cambridge/UK: Polity Press, 2019

36 K. Stacey, J. Politi, »Google warns of US national security risks from Huawei ban«, *Financial Times*, 7. Juni 2019

37 US News, »Best Hybrid and Electric cars«, 2019 cars.usnews.com/cars-trucks/rankings/hybrid-cars; Zugriff 3. April 2019

38 OECD.Stat, »Business enterprise R/D Expenditure by industry«, 2019; stats.oecd.org/Index.aspx?DataSetCode=BERD_INDU; Zugriff 10. April 2019

39 F. Tobe, »Collaborative robots are broadening their marketplaces«, 4. März 2016; www.therobotreport.com/collaborative-robots-are-broadening-their-marketplaces/; Zugriff 26. März 2019; WIPO 2019, »Annex 1: PCT international applications by origin«, 2019; www.wipo.int/export/sites/www/pressroom/en/documents/pr_2019_830_annex.pdf#annex1; Zugriff 14. Juni 2019

41 WIPO 2019, »Annex 2: Top PCT applicants«, 2019; www.wipo.int/export/sites/www/pressroom/en/documents/pr_2019_830_annex.pdf#annex2; Zugriff 14. Juni 2019

42 OECD, »Altenbevölkerung nach Regionen«, 2009; www.oecd-ilibrary.org/docserver/9789264087552-4-de.pdf?expires=1554897710/id=id/accname=guest/checksum=B29C18D9ECC8569B1E5587436A42DAB7; Zugriff 10. April 2019

43 D. McPhillips, »Most Educated Countries, According to Perception: Americans are not considered among the top 10 smartest populations«; *US News*, 25. August 2017; www.us-

news.com/news/best-countries/articles/2017-08-25/most-educated-countries-according-to-perception; Zugriff 26. März 2019

44 S. Broadberry, C. Burhop, *Comparative productivity in British and German manufacturing before World War II. Reconciling direct benchmark estimates and time series projections*, 2006, S. 24 (table 2) warwick.ac.uk/fac/soc/economics/staff/sbroadberry/wp/geruk1907bm7.pdf

45 S. Reinbothe, »Geschichte des Deutschen als Wissenschaftssprache im 20. Jahrhundert«, in: W. Eins, H. Glück, S. Pretscher, Hg., *Wissen schaffen – Wissen kommunizieren: Wissenschaftssprachen in Geschichte und Gegenwart*, Wiesbaden: Harrassowitz, 2011, S. 49–66; www.observatoireplurilinguisme.eu/images/Education/Enseignement_superieur/reinbothe-geschichte_des_deutschen_als_wissenschaftssprache.pdf, S. 15

46 OECD, »PISA 2015 Results in Focus«, 2018; www.oecd.org/pisa/pisa-2015-results-in-focus.pdf; Zugriff 2. April 2019

47 E. Manea, »Anerkennung für wen«? *Schweizer Monat*, April 2019, 74–77/74

48 Japan.Go, »Realizing Society 5.0«, 2019; www.japan.go.jp/abenomics/_userdata/abenomics/pdf/society_5.0.pdf; Zugriff 26. März 2019 (*By incorporating the innovations of the fourth industrial revolution (e.g. IoT, big data, artificial intelligence (AI), robot, and the sharing economy) into every industry and social life. By doing so the society of the future will be one in which new values and services are created continuously. […] Japan will take the lead to realize this ahead of the rest of the world*)

49 Siehe dazu etwa UITP, »Automated Metro Lines in the World«, 2019; metroautomation.org/; Zugriff 30. Januar 2019

50 Railway Technology, »Hitachi to supply driverless trains for Copenhagen Metro«, 15. Mai 2018; www.railway-technology.com/news/hitachi-supply-driverless-trains-copenhagen-metro/; Zugriff 26. März 2019

51 E. Hosie, »Rio Tinto AutoHaul trains establish WA as ›global leader‹ for rail technology«, *Rail Express*, 14. Juni 2019; www.railexpress.com.au/rio-tinto-autohaul-trains-establish-wa-as-global-leader-for-rail-technology/; Zugriff 14. Juni 2019

52 Ansaldo, »Rio Tinto launches the autonomous heavy freight rail operation«, Brisbane, 13. Juli 2018; www.ansaldo-sts.com/

en/news/rio-tinto-launches-autonomous-heavy-freight-rail-operation; Zugriff 27. Januar 2019

53 Siehe H. Wendt et al. *TIMSS 2015*, Münster/New York: Waxmann, 2016, 115; edudoc.ch/record/125774/files/3566Volltext.pdf; timssandpirls.bc.edu/timss2015/international-results/wp-content/uploads/filebase/full%20pdfs/T15-International-Results-in-Mathematics.pdf; Zugriff 4. April 2019

54 B. Zhang, »Check out the prototype for Japan's first ever passenger jet that's going to take on Bombardier and Embraer«, *Business Insider*, 1. August 2018; www.businessinsider.com/mitsubishi-regional-jet-prototype-tour-photos-2018–7?IR=T; Zugriff 11. April 2019

55 C. Clarke, »The Very Best Light Jets in the Sky Today«, *Popular Mechanics*, 7. Juni 2018, www.popularmechanics.com/flight/g21098242/best-light-jet-airplanes/; Zugriff 11. April 2019

56 The Economist, »Zip fasteners The invention, slow adoption and near perfection of the zip«, 18. Dezember 2018; www.economist.com/christmas-specials/2018/12/18/the-invention-slow-adoption-and-near-perfection-of-the-zip; Zugriff 2. Februar 2019

57 R. Lynn, »IQ in Japan and the United States shows a growing disparity«, *Nature*, Nr. 297, 1982, 222–223; www.nature.com/articles/297222a0; Zugriff 20. Februar 2019

58 H. Rindermann, »Appendix Cognitive ability measures Sources and combination«, 2018; www.tu-chemnitz.de/hsw/psychologie/professuren/entwpsy/team/rindermann/pdfs/RindermannCogCapAppendix.pdf; 2018; S. 19/20, Zugriff 8. Februar 2019

59 College Board, »SAT Results: Class of 2018«, 2019; reports.collegeboard.org/sat-suite-program-results/class-2018-results; Zugriff 13. Juni 2019

60 P. Bourdieu, »Racisme de l'intelligence« (1978), in ders. Hg., *Questions de sociologie*, Paris: Edition de Minuit, 1980, 264–268; s. a. H. Rindermann, *Cognitive Capitalism*, Cambridge: Cambridge University Press, 2018, 59 f.

61 S. Keller, M. Meaney, »Attracting and retaining the right Talent«, *McKinsey*, November 2017; www.mckinsey.com/business-functions/organization/our-insights/attracting-and-retaining-the-right-talent; Zugriff 21. März 2019

62 CIA, »Total Fertility Rate«, 2019; www.cia.gov/library/publications/the-world-factbook/rankorder/2127rank.html; Zugriff 26. März 2019
63 www.populstat.info/; www.worldometers.info/world-population/population-by-country/
64 Statistics Singapore, »Singapore in Figures 2018«; 2018; www.singstat.gov.sg/-/media/files/publications/reference/sif2018.pdf; Zugriff 26. März 2019
65 Bundeszentrale für politische Bildung, »Bevölkerung mit Migrationshintergrund I. In absoluten Zahlen, Anteile an der Gesamtbevölkerung in Prozent, 2017«, 26. September 2018; www.bpb.de/wissen/NY3SWU,0,0,Bev%F6lkerung_mit_Migrationshintergrund_I.html; Zugriff 27. Januar 2019
66 H. Rindermann, »Appendix Cognitive ability measures Sources and combination«, 2018; www.tu-chemnitz.de/hsw/psychologie/professuren/entwpsy/team/rindermann/pdfs/RindermannCogCapAppendix.pdf; S. 19 ff. Zugriff 8. Februar 2019
67 Comstat Data Hub, »GDP per capita by country«, 2019; comstat.comesa.int/pjeqzh/gdp-per-capita-by-country-statistics-from-imf-1980–2023?country=Singapore, Zugriff 29. Januar 2019
68 Comstat Data Hub, »GDP per capita by country«, 2019; comstat.comesa.int/pjeqzh/gdp-per-capita-by-country-statistics-from-imf-1980–2023?country=Germany; Zugriff 29. Januar 2019
69 H. Rindermann, »Appendix Cognitive ability measures Sources and combination«, 2018; www.tu-chemnitz.de/hsw/psychologie/professuren/entwpsy/team/rindermann/pdfs/RindermannCogCapAppendix.pdf; S. 19 ff. Zugriff 4. Februar 2019
70 Comstat Data Hub, »GDP per capita by country«, 2019; comstat.comesa.int/pjeqzh/gdp-per-capita-by-country-statistics-from-imf-1980–2023?country=France, Zugriff 29. Januar 2019
71 Farnam Street, »12 Things Lee Kuan Yew Taught Me About the World«, 2019; fs.blog/2016/05/lee-kuan-yew/; Zugriff 29. Januar 2019
72 F. Becker, »Die Intelligenzprüfung unter völkischem und typologischem Gesichtspunkt«, in *Zeitschrift für angewandte Psychologie und Charakterkunde*, Bd. 55, 1938, S. 15–111/13. Vgl.

H. Rindermann, *Cognitive Capitalism*, Cambridge University Press, 2018, S. 61

73 S. Tanaka, »Japan's refugee-screening system sets high bar«, *Japan Times*, 21. Mai 2018; www.japantimes.co.jp/news/2018/05/21/reference/japans-refugee-screening-system-sets-high-bar/#.W2g2JigzZPY; Zugriff 26. März 2019

74 Top 1.000 Welt, »Die weltweit 1.000 umsatzstärksten Unternehmen«, Juni 2019; www.ey.com/Publication/vwLUAssets/ey-top-1000-welt-juni-2019/$FILE/ey-top-1000-welt-juni-2019.pdf; Zugriff 12. Juni 2019.

75 WIPO, »Technology Trends 2019: Artificial Intelligence«, World Intellectual Property Organization, 2019, S. 60; www.wipo.int/edocs/pubdocs/en/wipo_pub_1055.pdf; Zugriff 15. April 2019

76 Financial Times, »Europe needs to look beyond China stimulus hope«, 29. April 2019; www.ft.com/search?q=%22Europe+needs+to+look+beyond+China+stimulus+hope%E2%80%9D; Zugriff 6. Mai 2019

77 Bundesinstitut für Bevölkerungsforschung, »Zuwanderung aus außereuropäischen Ländern fast verdoppelt«, 1. März 2017; web.archive.org/web/20171209232407/www.bib-demografie.de/DE/Aktuelles/Presse/Archiv/2017/2017–03–01-zuwanderung-aussereuropaeische-Laender-fast-verdoppelt.html; Zugriff 27. Januar 2019

78 WIPO, »PCT international applications by origin«, 2018 www.wipo.int/export/sites/www/pressroom/en/documents/pr_2018_816_annexes.pdf#annex1; Zugriff 28. Januar 2019

79 WIPO 2019, »Annex 1: PCT international applications by origin«, 2019; www.wipo.int/export/sites/www/pressroom/en/documents/pr_2019_830_annex.pdf#annex1; Zugriff 14. Juni 2019

80 Ministry of Foreign Affairs of Japan, »Prime Minister Abe visits China«, 26. Oktober 2018; www.mofa.go.jp/a_o/c_m1/cn/page3e_000958.html, Zugriff 27. Januar 2019

81 L. Lewis, »Toyota agrees tie-up with Chinese battery makers«, *Financial Times*, 8./9. Juni 2019

82 The Global Economy, »Japan: Percent of world GDP«, 2018; www.theglobaleconomy.com/Japan/gdp_share/; Zugriff 28. Januar 2019

83 Siehe ausführlich E. F. Vogel, *China and Japan: Facing History*, Cambridge/MA: Harvard University Press, 2019.

84 R. Hank, »Xi Jinping in Europa:Keine Angst vor Chinas Stärke«, *Frankfurter Allgemeine Zeitung*, 24. März 2019; www.faz.net/aktuell/wirtschaft/hanks-welt/keine-angst-vor-chinas-staerke-16104610.html; Zugriff 24. März 2019

85 E. J. Baker, »The Role of Legal Reform in the Japanese Annexation and Rule of Korea, 1905–1919«, in D. R. McCann et al. Hg., *Studies on Korea in Transition*, Honolulu: Center for Korean Studies, University of Hawaii,
1979, S. 36 (*A complete land survey of the Peninsular [...] is to secure justice and equity in the levying of the land tax, and to determine accurately the cadastre of each region as well s to protect the rights of ownership, thereby facilitating transactions in sale, purchase and other transfers*).

86 Z. Keck, »How American Air Power Destroyed North Korea«, 12. August 2017; nationalinterest.org/blog/the-buzz/how-american-air-power-destroyed-north-korea-21881; Zugriff 26. Februar 2019

87 Brilliant Maps, »Every Bomb Dropped by The British /Americans During WW2«, 12. April 2017; brilliantmaps.com/uk-us-bombs-ww2/; Zugriff 26. Februar 2019

88 Sourcewatch, »Bombing of North Korea 1950–1953«; 29. November 2017; www.sourcewatch.org/index.php/Bombing_of_North_Korea_1950-1953#Tonnage_Dropped:_Korea_vs._World_War_II_and_Vietnam_War; Zugriff 26. Februar 2019

89 Statisticstimes, »List of Countries by Projected GDP per capita«, 6. Mai 2018; statisticstimes.com/economy/countries-by-projected-gdp-capita.php; Zugriff 27. Februar 2019

90 »2019 World Population by Country«, 11. Juni 2019; worldpopulationreview.com/; Zugriff 11. Juni 2019

91 IFR, »Robot density rises globally«, 7. Februar 2018; ifr.org/ifr-press-releases/news/robot-density-rises-globally; Zugriff 27. Februar 2019

92 WIPO »Annex 3: Top PCT applicants by educational institution«, 2019; www.wipo.int/export/sites/www/pressroom/en/documents/pr_2019_830_annex.pdf#annex3; Zugriff 15. Juni 2019

93 J. Kim, »Aid and state transition in Ghana and South Korea«, *Third World Quarterly*; 21. Juli 2015; www.tandfonline.com/doi/pdf/10.1080/01436597.2015.1038339; Zugriff 26. Februar 2019.

94 Singapore.math, »TIMSS 2011 8th Grade Math«, 15. Dezember 2012; singaporemathsource.com/timss-2011-singapore-leads-international-math-tables/timss-2011–8th-grade-math/; Zugriff 26. Februar 2019

95 WIPO 2019, »Annex 1: PCT international applications by origin«, 2019; www.wipo.int/export/sites/www/pressroom/en/documents/pr_2019_830_annex.pdf#annex1; Zugriff 14. Juni 2019

96 Statista, »Resident patent applications per 100 billion GDP (in 2011 PPP U.S. dollars) for selected origins in 2017«, 2019; www.statista.com/statistics/257157/resident-patent-applications-per-gdp-for-selected-origins/; Zugriff 27. Februar 2019

97 Siehe etwa K. Klauer, *Handbuch Kognitives Training*, Göttingen: Hogrefe, 2000

98 H. Rindermann, *Cognitive Capitalism: Human Capital and the Wellbeing of Nations*, Cambridge: Cambridge University Press, 2018, S. 491 u. 514

99 H. Rindermann, »Appendix«; 2018; www.tu-chemnitz.de/hsw/psychologie/professuren/entwpsy/team/rindermann/pdfs/RindermannCogCapAppendix.pdf; S. 19 ff. Zugriff 27. Februar 2019

100 Futurezone; »Auch Oppo zeigt faltbares Smartphone«, 25. Februar 2019; futurezone.at/produkte/auch-oppo-zeigt-faltbares-smartphone/400417577; Zugriff 27. Februar 2019

101 WIPO 2019, »Annex 2: Top PCT applicants«, 2019; www.wipo.int/export/sites/www/pressroom/en/documents/pr_2019_830_annex.pdf#annex2; Zugriff 14. Juni 2019

102 B. Koses, »2019 Kia K900 Review«, 9. Januar 2019; cars.usnews.com/cars-trucks/kia/k900; Zugriff 27. Februar 2019; (*The BMW 6 Series is a good luxury car with several potent engine options, a whisper-quiet cabin, and plenty of cargo space in its Gran Coupe body style. However, rather than living up to BMW's reputation for athleticism, the 6 Series prioritizes a cushioned ride. The Kia has a nicer interior and more standard features, including Apple CarPlay and Android Auto (the latter of which isn't available in the BMW) and a larger touch screen. The Kia K900 luxury sedan also has a lower MSRP, saving you around $10,400 over the BMW. Go with the Kia.*)

103 Statista, »Global market share of lithium ion battery makers in the 1st quarter of 2018«, 2019; www.statista.com/statis-

tics/235323/lithium-batteries-top-manufacturers/; Zugriff 2. April 2019
104 Auto, Motor und Sport, »IAA-Absagen 2019«, 18. Mai 2019; www.auto-motor-und-sport.de/verkehr/iaa-absagen-2019-diese-auto-marken-sind-nicht-zu-sehen/; Zugriff 17. Juni 2019
105 G. Heinsohn, »Für Deutschland geht es seit Jahren immer nur bergab«, *Die Welt*, 30. November 2018; www.welt.de/debatte/article184755180/Digitale-Zukunft-Fuer-Deutschland-geht-es-seit-Jahren-immer-nur-bergab.html; Zugriff 17. Juni 2019
106 »2019 World Population by Country«, 11. Juni 2019; worldpopulationreview.com/, Zugriff 11. Juni 2019
107 E. London, »GDP Rankings Of The World's Largest Economies, 2019«, *Ceoworld Magazine*, 28. Dezember 2018; Zugriff 14. März 2019
108 R. Maire, »The real race for superiority is TSMC vs Intel«, 10. Juni 2018; www.semiwiki.com/forum/content/7753-real-race-superiority-tsmc-vs-intel.html; Zugriff 27. Februar 2019
109 R. Jennings, »China's new pitch to win over Taiwan: Our jobs are better«, *Los Angeles Times*, 2. Februar 2018; www.latimes.com/world/asia/la-fg-china-taiwan-jobs-20180202-story.html; Zugriff 12. Juni 2019
110 »Fertility Rate by Country 2019«, worldpopulationreview.com/countries/total-fertility-rate/; 2019; Zugriff 11. Juni 2019
111 Wikipedia Contributors, »List of tallest Buildings«; 25. Januar 2019; en.wikipedia.org/wiki/List_of_tallest_buildings; Zugriff 30. Januar 2019
112 Wikipedia Contributors, »List of longest Bridges«; 16. Januar 2019; en.wikipedia.org/wiki/List_of_longest_bridges, Zugriff 30. Januar 2019
113 Wikipedia Contributors, »List of highest Bridges«; 28. Januar 2019; en.wikipedia.org/wiki/List_of_highest_bridges; Zugriff 30. Januar 2019
114 Wikipedia Contributors, »List of high-speed railway lines«; en.wikipedia.org/wiki/List_of_high-speed_railway_lines: 27. Januar 2019; Zugriff 29. Januar 2019
115 CRRC, Website; www.crrcgc.cc/; Zugriff 1. Februar 2019
116 Dongfeng Trucks, Website, www.dongfengtrucks.com/; Zugriff 1. Februar 2019

117 BYD, Website; bydeurope.com/vehicles/ebus/index.php; Zugriff 1. Februar 2019
118 Airport Technology, »China to build 216 new airports by 2035«, 12. Dezember 2018; www.airport-technology.com/news/china-new-airports-2035/; Zugriff 30. Januar 2019
119 Für die Eröffnungsprognosen bis Anfang 2017 vgl. B. Beeger, »Flughafen BER – Eine Chronik des Scheiterns«, 6. März 2017; www.faz.net/aktuell/wirtschaft/flughafen-ber-eine-chronik-des-scheiterns-13895339.html; Zugriff 30. Januar 2019; J. Glasner, »VCs Are On Track To Make 2018 A Record Year For Unicorns«, 9. August 2018; news.crunchbase.com/news/vcs-are-on-track-to-make-2018-a-record-year-for-unicorns/; Zugriff 29. Januar 2019
121 China Money Network, »Here Are China's Top 10 AI Companies Challenging US Tech Leadership«, 7. März 2017; www.chinamoneynetwork.com/2017/03/07/here-are-chinas-top-10-ai-companies-challenging-us-tech-leadership; Zugriff 28. Januar 2019
122 KPMG, »The Fintech100 – announcing the world's leading fintech innovators for 2018«, 23. Oktober 2018; home.kpmg/xx/en/home/media/press-releases/2018/10/fintech-100-worlds-leading-fintech-innovators-2018.html; Zugriff 2. April 2019
123 The Economist, »A bank in your pocket«, 4.–10. Mai 2019, *Special Report Banking*, S. 9
124 L. King, »JD.com to build 150 drone launch facilities in China by 2020«, *Air Cargo World*, 7. April 2017; aircargoworld.com/allposts/jd-com-to-build-150-drone-launch-facilities-in-china-by-2020-video/; Zugriff 2. April 2019
125 H. Wolf, »3 reasons why China is the global drones leader«, *Economic Forum*, 19. September 2018; www.weforum.org/agenda/2018/09/china-drones-technology-leader/; Zugriff 3. Februar 2019
126 R. S. Aouf, »Boeing's self-piloted passenger drone completes first test flight«, dezeen, 28. Januar 2019; www.dezeen.com/2019/01/28/boeing-autonomous-passenger-drone-flying-car/; Zugriff 26. März 2019
127 J. Feist, »Drone taxi service – passenger drones«, *dronerush*, 14. Februar 2019; www.dronerush.com/drone-taxi-passenger-drones-10666/; Zugriff 26. März 2019

128 G. Heinsohn, »Roboterküchen revolutionieren Chinas Gastronomie«, *Die Welt*, 3. August 2018; www.welt.de/debatte/kommentare/article180514772/China-Roboterkuechen-revolutionieren-die-Gastronomie.html; J. Newby, »There's Now an AI Robot Cocktail Bar and Coffee Shop in Shanghai«, *RADII China*, 11. Juni 2016; radiichina.com/theres-now-an-ai-robot-cocktail-bar-and-coffee-shop-in-shanghai/; Zugriff 4. April 2019

130 IFR, »Executive Summary World Robotics 2018 Industrial Robots«, 2018; ifr.org/downloads/press2018/Executive_Summary_WR_2018_Industrial_Robots.pdf; Zugriff 8. Februar 2019

131 Consultancy.UK, »71 industrial robots installed per 10,000 workers in UK«, 12. Juni 2018; www.consultancy.uk/news/17481/71-industrial-robots-installed-per-10000-workers-in-uk; Zugriff 13. Februar 2019

132 H. Huifeng, C. Chen, »»Made In China 2025‹: a peek at the robot revolution under way in the hub of the ›world's factory‹«, 25. Oktober 2018; www.scmp.com/economy/china-economy/article/2164103/made-china-2025-peek-robot-revolution-under-way-hub-worlds#comments; Zugriff 10. Februar 2019

133 Frontier Strategy Group, »Trace the Lights II: China's 19 City Clusters by 2020«, 25. August 2014; blog.frontierstrategygroup.com/2014/08/trace-lights-ii-chinas-19-city-clusters-2020/; Zugriff 1. Februar 2019

134 A. Bertaud, »China's City Clusters«, 1. Februar 2016; pubdocs.worldbank.org/en/343681455906838472/China-City-Clusters-Bertaud.pdf; Zugriff 1. Februar 2019

135 Q. Xie, R. B. Freeman, »Bigger Than You Thought: China's Contribution to Scientific Publications«, *National Bureau of Economic Research*, NBER Working Paper, Nr. 24829, Juli 2018; www.nber.org/papers/w24829; Zugriff 29. Januar 2019

136 Kai-Fu Lee, *AI Superpowers: China, Silicon Valley, and the New World Order*, Boston: Houghton Mifflin, 2018

137 J. Vincent, »Chinese supercomputer is the world's fastest — and without using US chips«, *The Verge*, 20. Juni 2016; www.theverge.com/2016/6/20/11975356/chinese-supercomputer-worlds-fastes-taihulight; Zugriff 1. Februar 2019

138 M. Singleton, »The world's fastest supercomputer is back in America«, *The Verge*, 12. Juni 2018; www.theverge.com/

circuitbreaker/2018/6/12/17453918/ibm-summit-worlds-fastest-supercomputer-america-department-of-energy; Zugriff 1. Februar 2019

139 T. Trader, »Zettascale by 2035? China Thinks So«, *HPC Wire*, 6. Dezember 2018; www.hpcwire.com/2018/12/06/zettascale-by-2035/; Zugriff 2. Februar 2019

140 Top 500; »The List«, November 2018; www.top500.org/; Zugriff 1. Februar 2019

141 The Economist, »Missile Technology: Hypersonic Boom«, 6.–12. April 2019, S. 67–69/68

142 J. K. Elliott, »Why China's ›miracle‹ railgun weapon should scare the U. S. navy«, *Global News CA;* 3. Januar 2019; globalnews.ca/news/4810853/china-railgun-warship-weapon/; Zugriff 3. Februar 2019

143 M. Chan, G. Rui, »China will build 4 nuclear aircraft carriers in drive to catch US Navy, experts say«, *South China Morning Post,* 6. Februar 2019; www.scmp.com/news/china/military/article/2185081/china-will-build-4-nuclear-aircraft-carriers-drive-catch-us-navy; Zugriff 8. Februar 2019

144 A. E. Harrod, »American Enterprise Will Beat China in Outer Space«, *American Thinker,* 8. Februar 2019, www.americanthinker.com/articles/2019/02/american_enterprise_will_beat_china_in_outer_space.html; Zugriff 9. Februar 2019

145 PHYS.ORG, »China to build moon station in ›about 10 years‹«, 24. April 2019; phys.org/news/2019-04-china-moon-station-years.html, Zugriff 24. April 2019

146 R. Menon, »Thailand's Kra Canal: China's Way Around the Malacca Strait. A 200-year-old dream might finally become a reality under China's Belt and Road«, *The Diplomat,* 6. April 2018; thediplomat.com/2018/04/thailands-kra-canal-chinas-way-around-the-malacca-strait/; Zugriff 28. März 2019

147 M. R. Auslin, *The End of the Asian Century: War, Stagnation, and the Risks to the World's Most Dynamic Region* New Haven: Yale University Press, 2017

148 Auslin wiederholt seine Analyse in Kurzform 2019: www.nationalreview.com/corner/more-bad-news-for-china/; Zugriff 12. Juni 2019

149 P. Khanna, *The Future is Asian*, New York: Simon & Schuster

150 F. Fukuyama, *Identität: Wie der Verlust der Würde unsere Demokratie gefährdet*, Hamburg: Hoffmann und Campe, 2019; F. Fukuyama, *Identity: The Demand for Dignity and the*

Politics of Resentment, New York: Farrar, Straus Land Giroux, 2018

151 G. Lukianoff, J. Haidt, *The Coddling of the American Mind: How Good Intentions and Bad Ideas Are Setting Up a Generation for Failure*, Penguin Press 2018.

152 »China will grow old before it gets rich«, 2017; www.weforum.org/agenda/2017/10/china-will-grow-old-before-it-gets-rich/; Zugriff 12. Juni 2019

153 »They will probably get old before they get rich«; app.ft.com/content/2fec1b60-fefc-11e8-ac00–57a2a826423e; Zugriff 12. Juni 2019

154 S. Johnson, »China's share of global output to fall by 2040«, *Financial Times*, 19. Dezember 2018; app.ft.com/content/2fec1b60-fefc-11e8-ac00–57a2a826423e; Zugriff 12. Juni 2019

155 Wall Street Journal, »China's Looming Labor Shortage Experts now say its population will start to decline in 2030«, 10. Februar 2019; www.wsj.com/articles/chinas-looming-labor-shortage-11549836559?mod=?mod=MorningEditorialReport/mod=djemMER_h; Zugriff 11. Februar 2019

156 Geoba.Se, »World Population (2040)«, 2019, www.geoba.se/population.php?pc=world/type=28/year=2040/st=country/asde=/page=1; Zugriff 2. April 2040; Population Pyramid Net, »Sub-Saharan Africa 2040«, 2019; www.populationpyramid.net/sub-saharan-africa/2040/; Zugriff 2. April 2019

157 WIPO 2019, »Annex 1: PCT international applications by origin«, 2019; www.wipo.int/export/sites/www/pressroom/en/documents/pr_2019_830_annex.pdf#annex1; Zugriff 14. Juni 2019

158 D. Bricker, J. Ibbitson, *Empty Planet: The Shock of Global Population Decline*, New York: Penguin 2019

159 Y. Xuetong, »The Age of Uneasy Peace: Chinese Power in a divided World«, in Foreign Affairs, Band 98, Nr. 1, 2019, S. 40–46

160 Comstat Data Hub, »GDP per capita by country«, 2019; comstat.comesa.int/pjeqzh/gdp-per-capita-by-country-statistics-from-imf-1980–2023?country=China; comstat.comesa.int/pjeqzh/gdp-per-capita-by-country-statistics-from-imf-1980–2023?country=Japan; Zugriff 29. Januar 2019

161 Asian Development Bank (ADB), *Asia 2050, Realizing the Asian Century*, 2011, S. 3; www.adb.org/sites/default/files/publication/28608/asia2050-executive-summary.pdf; Zugriff

1. Februar 2019. Siehe ausführlich P. Frankopan, *The Silkroads: A New History of the World*, London: Bloomsbury, 2015
162 Siehe G. Heinsohn, O. Steiger, *Ownership Economics: On the Foundations of Interest, Money, Markets, Business Cycles and Economic Development*, herausgegeben v. F. Decker, London: Routledge, 2013; siehe bereits G. Heinsohn, O. Steiger, *Eigentum, Zins und Geld*, Reinbek: Rowohlt, 1996
163 Siehe ausführlich E. F. Vogel, *China and Japan: Facing History*, Cambridge/MA: Harvard University Press, 2019.
164 *The Economist*, 6. Dezember 2014, S. 5
165 H. Rindermann, *Cognitive Capitalism: Human Capital and the Wellbeing of Nations*, Cambridge: Cambridge University Press, 2018, S. 454 f.
166 M. Pillsbury, »China's Progress in Technological Competitiveness: The Need for a New Assessment«, 21. April 2005; web.archive.org/web/20090507200349/www.uscc.gov/research-papers/2005/05_04_21_technological_progress.pdf; Zugriff 17. April 2019
167 S. Keller, M. Meaney, »Attracting and retaining the right Talent«, *McKinsey*, November 2017; www.mckinsey.com/business-functions/organization/our-insights/attracting-and-retaining-the-right-talent; Zugriff 21. März 2019
168 J. Wolf, »Bevölkerungsfrage«, *Handwörterbuch der Soziologie*, Stuttgart 1931; 62 ff.
169 J. Wolf, »Bevölkerungsfrage«, *Handwörterbuch der Soziologie*, Stuttgart 1931; 62 ff.
170 J. Wolf, »Bevölkerungsfrage«, *Handwörterbuch der Soziologie*, Stuttgart 1931; 62 ff.
171 Siehe ausführlich zuerst G. Heinsohn, R. Knieper, *Theorie des Familienrechts. Geschlechtsrollenaufhebung, Kindesvernachlässigung, Geburtenrückgang*, Frankfurt/M.: Suhrkamp Verlag, 1974
172 Vgl. G. Heinsohn, »Zwei – nicht mehr und nicht weniger«, in *Die Welt-Essay*, 20. Mai 2006, S. 9
173 Business Insider, »China social credit system punishments and rewards explained«; 2018; www.businessinsider.com/china-social-credit-system-punishments-and-rewards-explained-2018-4?IR=T#2-throttling-your-internet-speeds-2; Zugriff 12. Juni 2019
174 A. Jegede, »Top 10 Richest Self-Made Women in the World«, *The Daily Records*, 2. Januar 2019; www.thedailyrecords.

com/2018-2019-2020-2021/world-famous-top-10-list/celebrities/richest-self-made-women-world-america-net-worth/16261/; Zugriff 11. Juni 2019

175 World Bank, »Labour Force«, September 2018; data.worldbank.org/indicator/sl.tlf.totl.in; Zugriff 14. Februar 2019

176 Xinhua, »China's new births totaled 15.23 million in 2018«, *China Daily*, 21. Januar 2019, www.chinadailyhk.com/articles/208/144/96/1548066298727.html; Zugriff 14. Februar 2019

177 www.cia.gov/LIBRARY/publications/the-world-factbook/rankorder/2054rank.html

178 J. Belitz, »The historically low birthrate, explained in 3 charts«, 15. Mai 2019; www.vox.com/science-and-health/2018/5/22/17376536/fertility-rate-united-states-births-women; Zugriff 16. Juni 2019

179 J. Abbamonte, S. W. Mosher, »China Stepping Up Measures to Boost the Birth Rate«, Population Research Institute, 28. August 2018; www.pop.org/china-stepping-up-measures-to-boost-the-birth-rate/; Zugriff 15. Februar 2019

180 G. Heinsohn, »Security implications of changing demographic trends«, NATO Defense College (NDC/Rom), 16. Januar 2019

181 The Economist, »The upper Han«, 29. November 2016, 20–22/22

182 S. D. Sparks, »Summing Up Results From TIMSS, PISA«, 13. Dezember 2016; www.edweek.org/ew/section/multimedia/summing-up-results-from-timss-pisa.html; Zugriff 13. Februar 2019

183 B. Xiang, »Emigration Trends and Policies in China: Movement of the Wealthy and Highly Skilled«, Migration Policy Institute, Februar 2016; www.migrationpolicy.org/research/emigration-trends-and-policies-china-movement-wealthy-and-highly-skilled; Zugriff 31. Januar 2019

184 D. Weinland, »China in push to lure overseas tech talent back home«, *The Economist*; 11. Februar 2018; www.ft.com/content/84d27f6a-04bc-11e8-9650-9c0ad2d7c5b5; Zugriff 31. Januar 2019

185 H. Jones, *Live Machines: Hired Foreigners and Meiji Japan*, Vancouver: University of British Columbia Press, 1980

186 A. Jacobsen, *Operation Paperclip: The Secret Intelligence Program to Bring Nazi Scientists to America*, New York: Little, Brown and Company, 2014

187 A. Zak, »Operation ›Osoaviakhim‹«; o. J. www.russianspaceweb.com/a4_team_moscow.html; Zugriff 4. Februar 2019

188 J. Jimmerson, »Female Infanticide in China«, *Pacific Basin Law Journal*, Bd. 8, Nr. 1, 1990; escholarship.org/content/qt80n7k798/qt80n7k798.pdf; Zugriff 3. Februar 2019

189 J. R. Dunn, »The Myth of Chian as Superpower«, *American Thinker*; 9. Januar 2019; www.americanthinker.com/articles/2019/01/the_myth_china_as_superpower.html; Zugriff 3. Februar 2019; Eine Million Überschuss pro Jahrgang steht für die übliche, wenn auch nicht genau bestätigbare Schätzung: S. Li et al., »Male Surplus in China: Causes and Consequences«, Institute for Population and Development Studies, Xi'an Jiaotong University, Xi'an, China; Morrison Institute for Population and Resource Studies, Stanford University, Stanford, California, US. Paper 129, 2017; drive.google.com/file/d/0B-6u_bxozAluVEtyRGN2cUxmM0U/view; Zugriff 3. Februar 2019

191 *Lancet*, »Age-specific fertility rates, total fertility rate, total fertility up to a maternal age of 25 years and during ages 30–54 years; the number of livebirths; and net reproductive rate, globally and for the SDI groups, GBD regions, super-regions, countries, and territories, 2017«, November 2018; www.thelancet.com/action/showFullTableHTML?isHtml=true/tableId=tbl1/pii=S0140–6736%2818%2932278–5; Zugriff 3. Februar 2019

192 Statista, »Number of Chinese people living overseas as of 2017, by continent (in 1,000s)«; 2019; www.statista.com/statistics/632850/chinese-nationals-number-overseas-by-continent/; Zugriff 22. März 2019

193 G. G. Chang, *The Coming Collapse of China*, New York: Random House, 2001; Einleitung (*The People's Republic has five years, perhaps ten, before it falls*)

194 D. Harris, »China's New Bankruptcy Law — First Report From The Ground«, 12. Juni 2007; www.chinalawblog.com/2007/06/chinas_new_bankruptcy_law_firs.html; Zugriff 1. Februar 2007

195 Siehe grundlegend G. Heinsohn, O. Steiger, *Ownership Economics: On the Foundations of Interest, Money, Markets, Business Cycles and Economic Development*, hg. v. F. Decker, London: Routledge, 2013; siehe auch G. Heinsohn, »Branchenkrisen – Große Krisen und Megakrisen«, think beyond the

obvious, 2017; think-beyondtheobvious.com/branchenkrisen-grosse-krisen-und-megakrisen-aufgrund-der-falschen-behandlung-von-grossen-krisen/
196 Fitch Rating, »Government Debt Reaches USD66 trillion, Driven by Emerging Markets«, 23. Januar 2019; www.fitchratings.com/site/pr/10059886; Zugriff 29. Januar 2019
197 S. Mbaye, M. Moreno Badia, »New Data on Global Debt«, *IMF blog*, 2. Januar 2019; blogs.imf.org/2019/01/02/new-data-on-global-debt/; Zugriff 29. Januar 2019
198 Prozentsätze für 2017. Siehe Trading Economics, »Country List Government Debt to GDP«; 2019; tradingeconomics.com/country-list/government-debt-to-gdp; Zugriff 29. Januar 2019
199 Comstat Data Hub, »GDP per capita by country«, 2019; "comstat.comesa.int/pjeqzh/gdp-per-capita-by-country-statistics-from-imf-1980–2023?country=China; comstat.comesa.int/pjeqzh/gdp-per-capita-by-country-statistics-from-imf-1980–2023?country=Japan; Zugriff 29. Januar 2019
200 Dazu etwa T. Loveless, »Lessons from the PISA-Shanghai Controversy«, Brookings, 18. März 2014; www.brookings.edu/research/lessons-from-the-pisa-shanghai-controversy/; Zugriff 30. Januar 2019
201 Chinese Government, »The Property Law of the People's Republic of China, adopted at the Fifth Session of the Tenth National People's Congress of the People's Republic of China on March 16, 2007, is hereby promulgated and shall go into effect as of October 1, 2007«, 20. Februar 2008; www.npc.gov.cn/englishnpc/Law/2009–02/20/content_1471118.htm; Zugriff 4. Februar 2019
202 CommonsWikimedia, »File: PISA 2012«, 27. November 2016; commons.wikimedia.org/wiki/File:PISA_2012,_Results_in_Focus.png; Zugriff 30. Januar 2019
203 National Center for Education Statistics, *PISA 2012: Data Tables, Figures, and Exhibits*, 2014, S. 78; nces.ed.gov/pubs2014/2014024_tables.pdf; Zugriff 29. Januar 2019
204 S. Keller, M. Meaney, »Attracting and retaining the right Talent«, *McKinsey*, November 2017; www.mckinsey.com/business-functions/organization/our-insights/attracting-and-retaining-the-right-talent; Zugriff 21. März 2019

205 G. Park et al., »Ability differences among people who have commensurate degrees matter for scientific creativity«, *Psychological Science*, Bd. 19, 2008, 957 ff.
206 Vgl. G. Heinsohn, »Migranten, Roboter und Mathe-Asse«, *Frankfurter Allgemeine Zeitung/Der Volkswirt*, 1. Oktober 2018, S. 16
207 www.techrepublic.com/article/the-10-highest-paying-ai-jobs-and-the-massive-salaries-they-command/
208 A. Bell et al. »Who Becomes an Inventor in America? The Importance of Exposure to Innovation«, November 2018; www.equality-of-opportunity.org/assets/documents/inventors_paper.pdf; Zugriff 10. März 2019
209 H. Rindermann, »Appendix Cognitive ability measures Sources and combination«, 2018; www.tu-chemnitz.de/hsw/psychologie/professuren/entwpsy/team/rindermann/pdfs/RindermannCogCapAppendix.pdf; S. 40–43; Zugriff 7. Februar 2019
210 TIMSS Mathe-Resultate für Viertklässler siehe H. Wendt et al., *TIMSS 2015*, Münster/New York: Waxmann, 2016, S. 115; edudoc.ch/record/125774/files/3566Volltext.pdf; Zugriff 6. Februar 2019
211 H. Rindermann, »Appendix Cognitive ability measures Sources and combination«, 2018; www.tu-chemnitz.de/hsw/psychologie/professuren/entwpsy/team/rindermann/pdfs/RindermannCogCapAppendix.pdf; S. 40–43
212 TIMSS Mathe-Resultate für Viertklässler siehe H. Wendt et al., *TIMSS 2015*, Münster/New York: Waxmann, 2016, S. 115; edudoc.ch/record/125774/files/3566Volltext.pdf; Zugriff 6. Februar 2019
213 Für Ghana – um nur ein Beispiel zu nennen – werden über 26 Punkte für möglich gehalten. Siehe H. Rindermann, »Appendix Cognitive ability measures Sources and combination«, 2018; www.tu-chemnitz.de/hsw/psychologie/professuren/entwpsy/team/rindermann/pdfs/RindermannCogCapAppendix.pdf; S. 51; Zugriff 6. Februar 2019
214 H. Rindermann, »Appendix Cognitive ability measures Sources and combination«, 2018; www.tu-chemnitz.de/hsw/psychologie/professuren/entwpsy/team/rindermann/pdfs/RindermannCogCapAppendix.pdf, S. 51–53; Zugriff 7. Februar 2019

215 J. R. Flynn, M. Shayer, »IQ decline and Piaget: Does the rot start at the top?«, 2017; www.sciencedirect.com/science/article/pii/S0160289617302787; Zugriff 12. Juni 2019
216 T. W. Teasdale, D. R. Owen, »Secular declines in cognitive test scores: A reversal of the Flynn Effect«, in *Intelligence*, 2008, Bd. 36, S. 121–126; vgl. H. Rindermann, *Cognitive Capitalism*, Cambridge University Press, 2018, S. 88
217 G. Heller-Sahlgreen, *Real Finnish Lessons*, London: Center for Policy Studies, 2015; vgl. H. Rindermann, *Cognitive Capitalism*, Cambridge University Press, 2018, S. 88
218 B. Bratsberg, O. Rogeberg, »Flynn Effect and its Reversal are both environmentally caused«, *Proceedings of the National Academy of Sciences of the United States of America*, June 26, 2018, 115 (26), 6674–6678; www.pnas.org/content/115/26/6674; Zugriff 24. Mai 2019
219 *FAZ,* »Fast 5000 Brücken auf deutschen Fernstraßen sind marode«, 26. Januar 2019; www.faz.net/aktuell/wirtschaft/fast-5000-bruecken-auf-deutschen-fernstrassen-sind-marode-16009612.html; Zugriff 12. Juni 2019
220 Typisch immer wieder Marcel Fratzscher vom Deutschen Institut für Wirtschaftsforschung (DIW); www.n-tv.de/wirtschaft/DIW-Chef-beklagt-Alarmismus-article20829184.html; www.zeit.de/wirtschaft/2019-01/kinderbetreuung-kita-pflicht-bildung-chancen-diskussion
221 H. Rindermann, »Appendix Cognitive ability measures Sources and combination«, 2018; www.tu-chemnitz.de/hsw/psychologie/professuren/entwpsy/team/rindermann/pdfs/RindermannCogCapAppendix.pdf; S. 40; Zugriff 8. Februar 2019
222 TIMSS Mathe-Resultate für Viertklässler siehe H. Wendt et al., *TIMSS 2015*, Münster/New York: Waxmann, 2016, S. 115; edudoc.ch/record/125774/files/3566Volltext.pdf; Zugriff 6. Februar 2015
223 G. Borjas, »Who emigrates from Denmark?«, 19. September 2017; gborjas.org/2017/09/19/who-emigrates-from-denmark/; Zugriff 12. Juni 2019
224 Lego.com, »The Lego Group Partners with Tencent to empower Chinese Children in the Digital World«, 15. Februar 2018; www.lego.com/en-us/aboutus/news-room/2018/january/lego-group-and-tencent; Zugriff 12. Juni 2019

225 Copenhagen Driverless Metro – Hitachi; 1. März 2017; www.youtube.com/watch?v=Q0FhXknxYj4; Zugriff 12. Juni 2019
226 »Special Report Childhood: The Generation Game«, in *The Economist*, January 5th-11th, 2019
227 *The Economist,* »Early Education: Young Americans«, 26. Januar bis 1. Februar, 2019, S. 35 f.
228 S. Vieth-Entus, »Schwere Defizite bei Berlins künftigen Erstklässlern«, *Der Tagesspiegel*, 7. Februar 2019; www.tagesspiegel.de/berlin/einschulungsuntersuchungen-schwere-defizite-bei-berlins-kuenftigen-erstklaesslern/23957216.html; Zugriff 10. Februar 2019
229 M. Baker, J. Gruber, K. Milligan, »The Long-Run Impacts of a Universal Child Care Program«, 8. November 2018; faculty.arts.ubc.ca/kmilligan/research/papers/BGM-Final.pdf; Zugriff 13. März 2019 [*We find that the negative effects on non cognitive outcomes persisted to school ages, and also that cohorts with increased child care access had worse health, lower life satisfaction, and higher crime rates later in life.*]
230 G. Heinsohn, *Vorschulerziehungen in der bürgerlichen Gesellschaft*, Frankfurt/M.: S. Fischer, 1974
231 J. Song et al. »Firming up Inequality«, *The Quarterly Journal of Economics*, Volume 134, Issue 1, 1. Februar 2019; academic.oup.com/qje/article/134/1/1/5144785; Zugriff 19. März 2019
232 T. O'Brien, »Five gender balances and imbalances that define international education in the United States«, *Corporate Blog*, 8. März 2019; blog.intoglobal.com/five-gender-balances-and-imbalances-that-define-international-education-in-the-united-states/; Zugriff 16. April 2019
233 L. Schuster, »Zur Struktur der männlichen Arbeiterschaft in der Bundesrepublik Deutschland«, 1974, S. 103 (Tabelle 7); doku.iab.de/mittab/1974/1974_2_MittAB_Schuster.pdf
234 www.tagesanzeiger.ch/wirtschaft/standard/Ungelernt-arbeitslos-perspektivlos/story/19636614
235 www.bmas.de/SharedDocs/Downloads/DE/PDF-Publikationen/a756-arbeitsmarktprognose-2030.pdf?__blob=publicationFile, S. 6
236 M. Prenzel et al. Hg., *PISA 2012: Fortschritte und Herausforderungen in Deutschland*, Münster et al.: Waxmann, 2013, S. 299; www.pisa.tum.de/fileadmin/w00bgi/www/Berichtsbaende_und_Zusammenfassungen/PISA_2012_EBook_ISBN3001.pdf; Zugriff 12. Juni 2019

237 N. Wilhelm, *Zusammenhänge zwischen Sprachkompetenz und Bearbeitung mathematischer Textaufgaben*, Ebook, Springer Spektrum, 2016, S. 19
238 D. Moyo, *Dead Aid: Warum Entwicklungshilfe nicht funktioniert und was Afrika besser machen kann,* Berlin: Haffmans/Tolkemitt, 2012, S. 21
239 OECD, »Development Aid at a Glance. Statistics B. 2: Africa. 2018 edition«, 2018, www.oecd.org/dac/financing-sustainable-development/development-finance-data/Africa-Development-Aid-at-a-Glance-2018.pdf, S. 21; Zugriff 2. April 2019
240 World Bank, »Poverty«; 24. September 2018; www.worldbank.org/en/topic/poverty/overview; Zugriff 2. April 2019
241 Tagesschau.de, »So viel Geld floss nach Griechenland«, 15. Juli 2018; www.tagesschau.de/wirtschaft/rettungspakete-101.html; Zugriff 26. März 2019
242 J. O'Neill, »Building better Global Economic BRICS«, Global Economics Paper No. 66; PDF; 30–11–2001; www.goldmansachs.com/insights/archive/archive-pdfs/build-better-brics.pdf
243 Errechnet aus Comstat Data Hub, »GDP per capita by country«, 2019; comstat.comesa.int/pjeqzh/gdp-per-capita-by-country-statistics-from-imf-1980–2023; Zugriff 29. Januar 2019. Siehe G. Heinsohn, »Security Implications of Demographic Trends«, NATO Defense College (NDC), course 133, 16–01–2019
244 J. Andreas, *Rise of the Red Engineers: The Cultural Revolution and the Origins of China's New Class*, Stanford/CA: Stanford University Press, 2009, S. 164
245 G. Paton, »China's poorest beat our best pupils«, *The Telegraph*, 17. Februar 2014; www.telegraph.co.uk/education/10645090/Chinas-poorest-beat-our-best-pupils.html; Zugriff 2. Februar 2019
246 Unkorrgiert berechnet in H. Rindermann, »Appendix Cognitive ability measures Sources and combination«, 2018; https://www.tu-chemnitz.de/hsw/psychologie/professuren/entwpsy/team/rindermann/pdfs/RindermannCogCapAppendix.pdf; S. 13 ff.
247 H. Rindermann, C. J. Ceci, »Parents' Education Is More Important Than Their Wealth in Shaping Their Children's Intelligence: Results of 19 Samples in Seven Countries at Different Developmental Levels«, in *Journal for the Education of the Gifted*, 2018, Bd. 41(4) 298–326

248 H. Rindermann, *Cognitive Capitalism*, Cambridge: Cambridge University Press, 2018, S. 95
249 X. Zhang et al., »The impact of exposure to air pollution on cognitive performance«, August 2018; www.researchgate.net/publication/327268841_The_impact_of_exposure_to_air_pollution_on_cognitive_performance; Zugriff 6. Februar 2019
250 UN DESA Population Division, »World Population Prospects 2017: Data Query«, 2019; population.un.org/wpp/DataQuery/; Zugriff 6. Februar 2019
251 The Migration Observatory of the University of Oxford, »Where do Migrants Live in the UK?«, 17. Dezember 2018; migrationobservatory.ox.ac.uk/resources/briefings/where-do-migrants-live-in-the-uk/: Zugriff 6. Februar 2019
252 TIMSS/PIRLS, »Students confident in Math«, 2016; timssandpirls.bc.edu/timss2015/international-results/timss-2015/mathematics/student-engagement-and-attitudes/students-confident-in-mathematics/; Zugriff 6. Februar 2019
253 World Happiness Report 2018, 2019; worldhappiness.report/ed/2018/; Zugriff 23. Februar 2019
254 CIA, »Life expectancy at birth (male)«, 2018; www.cia.gov/library/publications/the-world-factbook/rankorder/2102rank.html; Zugriff 23. Februar 2019
255 TIMSS Mathe-Resultate für Viertklässler siehe H. Wendt et al., *TIMSS 2015*, Münster/New York: Waxmann, 2016, S. 115; https://edudoc.ch/record/125774/files/3566Volltext.pdf; http://timssandpirls.bc.edu/timss2015/international-results/wp-content/uploads/filebase/full%20pdfs/T15-International-Results-in-Mathematics.pdf; Zugriff 6. Februar 2019, UN DESA Population Division, »World Population Prospects 2017: Data Query«, 2019; population.un.org/wpp/DataQuery/; Zugriff 6. Februar 2019
257 Statistisches Bundesamt, »Durchschnittsalter der Bevölkerung in Deutschland, 1871 bis 2016«, 2018; www.bib.bund.de/DE/Fakten/Fakt/pdf/B19-Durchschnittsalter-Bevoelkerung-ab-1871.pdf?__blob=publicationFile/v=6; Zugriff 16. März 2019
258 IFO, »Ostdeutschland braucht mehr Zuwanderer, um wirtschaftlich aufzuholen«, 13. Juni 2019; www.ifo.de/node/43120; Zugriff 13. Juni 2019

259 H. Knortz, *Diplomatische Tauschgeschäfte. »Gastarbeiter« in der westdeutschen Diplomatie und Beschäftigungspolitik 1953–1973*, Köln: Böhlau, 2008
260 M. Prenzel et al. Hg., *PISA 2012: Fortschritte und Herausforderungen in Deutschland*, Münster et al.: Waxmann, 2013, S. 299; www.pisa.tum.de/fileadmin/w00bgi/www/Berichtsbaende_und_Zusammenfassungen/PISA_2012_EBook_ISBN3001.pdf; Zugriff 12. Juni 2019
261 Bertelsmann Stiftung, »Deutscher Arbeitsmarkt auf außereuropäische Zuwanderung angewiesen«, 12. Februar 2019; www.bertelsmann-stiftung.de/de/themen/aktuelle-meldungen/2019/februar/deutscher-arbeitsmarkt-auf-aussereuropaeische-zuwanderung-angewiesen/; Zugriff 12. Februar 2019
262 Editorial Board, »World's Dumbest Energy Policy After giving up nuclear power, Germany now wants to abandon coal«, *Wall Street Journal*, 29. Januar 2019; www.wsj.com/articles/worlds-dumbest-energy-policy-11548807424; Zugriff 3. Februar 2019
263 Statista, »Global electricity prices in 2018, by select country (in U.S. dollars per kilowatt hour)«, 2019; www.statista.com/statistics/263492/electricity-prices-in-selected-countries/; Zugriff 9. April 2019
264 M. Hart et al., »Everything You Think You Know About Coal in China Is Wrong«, Center for American Progress, www.americanprogress.org/issues/green/reports/2017/05/15/432141/everything-think-know-coal-china-wrong/; 15. Mai 2017, Zugriff 7. Februar 2019
265 K. Ramsauer, *Bildungserfolge von Migrantenkindern*, Deutsches Jugendinstitut, 2011, S. 12; www.dji.de/fileadmin/user_upload/bibs/6_Ramsauer_Bildungsexpertise_Migrantenkinder.pdf; Zugriff 3. Februar 2019
266 H. Münkler, *Die Zeit*, 20. Februar 2016; www.zeit.de/2016/07/grenzsicherung-fluechtlinge-peter-sloterdijk-ruediger-safranski-erwiderung; Zugriff 3. Februar 2019
267 P. Ziegler, »Die Haushalte schaffen das«, *Die Zeit*, 22. September 2016; www.zeit.de/wirtschaft/2016-09/fluechtlinge-haushalt-kosten; Zugriff 3. Februar 2019
268 Errechnet aus M. White, *Necrometrics: Death tolls across history*, 2014; necrometrics.com/; Januar 2014; Zugriff 15. Februar 2019

269 Siehe G. Heinsohn, *Security Perspectives of Demographic Trends*, NATO Defense College (NCD), Rom, 16, Januar 2019
270 N. Esipova et al., »More Than 750 Million Worldwide Would Migrate If They Could«, Gallup, 10. Dezember 2018; news.gallup.com/poll/245255/750-million-worldwide-migrate.aspx; Zugriff 1. März 2019
271 UN DESA Population Division, »World Population Prospects 2017: Data Query«, 2019; population.un.org/wpp/DataQuery/; Zugriff 2. April 2019
272 UN DESA Population Division, »World Population Prospects 2017: Data Query«, 2019; population.un.org/wpp/DataQuery/; Zugriff 2. April 2019
273 UN DESA Population Division, »World Population Prospects 2017: Data Query«, 2019; population.un.org/wpp/DataQuery/; Zugriff 2. April 2019
274 Siehe G. Heinsohn, *Security Perspectives of Demographic Trends*, NATO Defense College (NCD), Rom, 16. Januar 2019
275 Siehe G. Heinsohn, »Kriegs-Index oder wie die Lebensumstände Werte und Verhalten steuern«, in *Wissenswert*, 2018; wissenswert-journal.000webhostapp.com/wissenswert_2018_01.pdf; Zugriff 10. Februar 2019
276 G. Heinsohn, »Security implications of changing demographic trends«, NATO Defense College (NDC/Rom), 16. Januar 2019
277 K. Rudzio, »Putzen, spülen, kellnern«, *Die Zeit*, 18. Dezember 2019; www.zeit.de/2018/52/migration-fluechtlinge-gering-qualifizierte-jobs-arbeitsplaetze; Zugriff 5. Februar 2019
278 *Stuttgarter Nachrichten*, »Polizeieinsatz im Stadtteil Neudorf«, 13. Dezember 2018; www.stuttgarter-nachrichten.de/inhalt.anschlag-in-strassburg-polizeieinsatz-im-stadtteil-neudorf.dacf9985-5973-4475-98ef-2b2b56593474.html; Zugriff 12. Februar 2019
279 TIMSS Mathe-Resultate für Viertklässler siehe H. Wendt et al., *TIMSS 2015*, Münster/New York: Waxmann, 2016; S. 115; edudoc.ch/record/125774/files/3566Volltext.pdf; Zugriff 6. Februar 2019
280 OECG, »Settling In 2018 Indicators of Immigrant Integration«, 9. Dezember 2018; www.oecd.org/migration/indicators-of-immigrant-integration-2018-9789264307216-en.htm; Zugriff 5. Februar 2017

281 WIPO 2019, »Annex 1: PCT international applications by origin«, 2019; www.wipo.int/export/sites/www/pressroom/en/documents/pr_2019_830_annex.pdf#annex1; Zugriff 14. Juni 2019

282 Statista, »Europäische Union: Staatsquoten in den Mitgliedsstaaten im Jahr 2017«, 2018; de.statista.com/statistik/daten/studie/6769/umfrage/staatsquoten-der-eu-laender/; Zugriff 3. Februar 2019

283 Koalitionsvertrag: 19. Legislaturperiode (2018 bis 2021), Deutscher Rechtstexte Verlag, 2019; S. 19/50

284 Quaero, »December 31st, 2013: the Quaero program comes to an end.«, 28. Januar 2014; en.www.quaero.org.systranlinks.net/31-decembre-2013-le-programme-quaero-sacheve; Zugriff 4. Februar 2019/

285 G. Hegmann, »Der deutsche Steuerzahler haftet für 273 nicht gebaute A380-Riesen«, *Die Welt*, 21. Februar 2019; www.welt.de/wirtschaft/article189108755/A380-So-haften-die-Steuerzahler-fuer-das-Ende-des-Riesen-Airbus.html; Zugriff 21. Februar 2019

286 D. Harhoff, »Der Arbeitsmarkt für KI-Experten ist leergefegt«, 19. März 2019; *Frankfurter Allgemeine Zeitung*; www.faz.net/aktuell/wirtschaft/diginomics/forschungsgipfel-der-arbeitsmarkt-fuer-ki-experten-ist-leergefegt-16095729-p3.html; Zugriff 19. März 2019

287 Fabian, »Global Artificial Intelligence Landscape | Including database with 3,465 AI companies«, *Medium.Com*, 22. Mai 2018; medium.com/@bootstrappingme/global-artificial-intelligence-landscape-including-database-with-3-465-ai-companies-3bf01a175c5d; Zugriff 3. Februar 2019

288 N. Rapp, B. O'Keefe, »These 100 Companies Are Leading the Way in A.I.«, *Fortune*, 8. Januar 2018; fortune.com/2018/01/08/artificial-intelligence-ai-companies-invest-startups/; Zugriff 4. Februar 2019

289 Eurostat, »Statistiken über Hochschulbildung (tertiäre Bildung)«, Juni 2017; ec.europa.eu/eurostat/statistics-explained/index.php?title=Tertiary_education_statistics/de; Zugriff 11. Februar 2019

290 *Frankfurter Allgemeine Zeitung*, 25. Januar 2018, S. 8

291 PWC, »The World in 2050 The long view: how will the global economic order change by 2050?«; 2017; www.pwc.com/gx/

en/issues/economy/the-world-in-2050.html; Zugriff 28. Februar 2019
292 V. Shukla, »Top 10 Largest Economies By 2050: Emerging Nations To Dominate«, 3. Januar 2019; www.valuewalk.com/2019/01/top-10-largest-economies-2050-china/, Zugriff 28. Februar 2019
293 R. Sharma, »The Millionaires Are Fleeing. Maybe You Should, Too«, *New York Times*, 2. Juni 2018; www.nytimes.com/2018/06/02/opinion/sunday/millionaires-fleeing-migration.html; Zugriff 5. Februar 2019
294 IMD, »World Competitiveness Ranking 2018«, 2018; www.imd.org/wcc/world-competitiveness-center-rankings/world-digital-competitiveness-rankings-2018/; Zugriff 5. Februar 2019
295 Korn Ferry, »Future of Work«, 2018; www.kornferry.com/challenges/future-of-work; Zugriff 5. Februar 2019
296 *FAZ*, »Altmaier über KI: „Müssen die besten Forscher der Welt unter Vertrag nehmen« 18. Juli 2018; www.faz.net/aktuell/wirtschaft/kuenstliche-intelligenz/altmaier-ueber-ki-muessen-faehig-sein-die-besten-forscher-der-welt-unter-vertrag-zu-nehmen-15696396.html; Zugriff 5. Februar 2019
297 OECD, »Taxing Wages 2019«, 11. April 2019; www.oecd.org/tax/tax-policy/taxing-wages-20725124.htm; Zugriff 12. April 2019
298 OECD, »Social Expenditure Database (SOCX)«, 2019; www.oecd.org/social/expenditure.htm; Zugriff 5. Februar 2019
299 H. Riedel, O. Hauptner, »Armut ist in Deutschland vor allem ein Problem in den Großstädten«, *Bertelsmann Stiftung*, 2. April 2019; www.bertelsmann-stiftung.de/de/themen/aktuelle-meldungen/2019/april/armut-ist-in-deutschland-vor-allem-ein-problem-in-den-grossstaedten/; Zugriff 2. April 2019
300 VDI/IW, »Ingenieur-Monitor: 3. Quartal 2018«, 30. Januar 2019; www.vdi.de/vdi-iw-ingenieurmonitor-3-q-2018/; Zugriff 10. Februar 2019
301 M. Brand, »Breitband-Ausbau: Deutschland bleibt Glasfaser-Entwicklungsland«, Statista, 1. August 2018; de.statista.com/infografik/3553/anteil-von-glasfaseranschluessen-in-ausgewaehlten-laendern/; Zugriff 10. Februar 2019
302 Statista, „Anzahl der deutschen Auswanderer aus Deutschland von 1991 bis 2017, 2019; de.statista.com/statistik/daten/

studie/2534/umfrage/entwicklung-der-anzahl-deutscher-auswanderer/; Zugriff 11. Februar 2019
303 »Jeder dritte Auswanderer hat Studienabschluss«, *Frankfurter Allgemeine Zeitung*, 1. Juni 2015; www.faz.net/aktuell/beruf-chance/beruf/oecd-studie-jeder-dritte-auswanderer-hat-studienabschluss-13623987.html; Zugriff 11. Februar 2019
304 BBC-News, »African migration: Five things we've learnt«, 26. März 2019; www.bbc.com/news/world-africa-47705944; Zugriff 31. März 2019
305 A. Feertchak, »Forte hausse du nombre d'actes antisémites en France«, *Le Figaro*, 9. November 2018; www.lefigaro.fr/actualite-france/2018/11/09/01016–20181109ARTFIG00049-forte-hausse-du-nombre-d-actes-antisemites-en-france.php; Zugriff 6. Februar
306 ADL, »Global 100«, global100.adl.org/#map/2015update; Zugriff 6. Februar 2019
307 U. Ulfkotte, *Der Krieg in unseren Städten*, Frankfurt am Main: Eichborn, 2003
308 M. Jordan, »BMW und Daimler kooperieren bei Entwicklung für automatisiertes Fahren«, mbpassion, 28. Februar 2019; blog.mercedes-benz-passion.com/2019/02/bmw-und-daimler-kooperieren-bei-entwicklung-fuer-automatisiertes-fahren/; Zugriff 28. Februar 2019
309 Electrive.com, »CATL revealing details on battery factory in Erfurt«, 9. Juli 2018; www.electrive.com/2018/07/09/catl-revealing-details-on-battery-factory-in-erfurt/; Zugriff 23. Februar 2019
310 M. Goettig, »LG to open Europe's biggest car battery factory next year«, *Reuters*, 12. Oktober 2017; www.reuters.com/article/us-lgchem-factory-poland/lg-to-open-europes-biggest-car-battery-factory-next-year-idUSKBN1CH21W; Zugriff 2. April 2019
311 Science News, »Powering a pacemaker with a patient's heartbeat«, *Science Daily*; 20. Februar 2019; www.sciencedaily.com/releases/2019/02/190220082602.htm; Zugriff 6. April 2019
312 Statista, »Einnahmen der Katholischen und Evangelischen Kirche in Deutschland durch die Kirchensteuer von 2004 bis 2017 (in Milliarden Euro)«, 2018; de.statista.com/statistik/

daten/studie/12520/umfrage/kirchensteuer-einnahmen-in-deutschland/; Zugriff 3. Februar 2019

313 Statista, »Statistiken zu den Rundfunkgebühren«, 2018; de.statista.com/themen/1242/rundfunkgebuehren/; Zugriff 3. Februar 2019

314 Deutscher Bundestag; »Genderprofessuren an Universitäten und Fachhochschulen in Deutschland«, 2018; www.bundestag.de/blob/536708/f920fd8afc4c784a7bd0ce05801097bd/wd-8-043-17-pdf-data.pdf; Zugriff 24. Februar 2019

315 E. Redden, »Global Attack on Gender Studies«, 5. Dezember 2018; www.insidehighered.com/news/2018/12/05/gender-studies-scholars-say-field-coming-under-attack-many-countries-around-globe; Zugriff 23. Februar 2019

316 Vgl. A. Poirier, »Is there no end to books on the ›end of France‹?«, *The Spectator*, 21. April 2018; www.spectator.co.uk/2018/04/is-there-no-end-to-books-on-the-end-of-france/; Zugriff 23. Februar 2019

317 D. Stelter, *Das Märchen vom reichen Land: Wie die Politik uns ruiniert*, München: Finanzbuchverlag, 2018

318 Credit Suissem, »Global Wealth Report 2018«, 18.10. 2018; www.credit-suisse.com/corporate/en/research/research-institute/global-wealth-report.html; Zugriff 5. Februar 2019i

319 »Pierre Gattaz und Dieter Kempf über Steuern und Jobs«, *Bild*, 14. April 2019; www.bild.de/bild-plus/geld/wirtschaft/wirtschaft/industrie-bosse-das-muss-2019-in-deutschland-und-frankreich-passieren-61227984,view=conversionToLogin.bild.html; Zugriff 14. April 2019

320 D. R. Nyheder, »Venstre vil indføre permanent kontrol ved grænsen«, 20. Mai 2019; www.dr.dk/nyheder/politik/folketingsvalg/venstre-vil-indfore-permanent-kontrol-ved-graensen; Zugriff 23. Mai 2019

321 G. Heinsohn, »A Northern Alliance? How the U. K. can liberate post-Brexit Europe from Brussels« *City Journal*, Manhattan Institute, 13. Juli 2016; www.city-journal.org/html/northern-alliance-14647.html; Zugriff 12. Februar 2019

322 R. Grob, »Interview [mit Manya Koetse]: Chinesen sehen Europa auf dem Weg in den Ruin«, *Neue Züricher Zeitung*, 10. November 2018; www.nzz.ch/feuilleton/chinesen-sehen-europa-auf-dem-weg-in-den-ruin-ld.1434840; Zugriff 18. Februar 2019; siehe ähnliche Einschätzungen in Yan Xuetong,

Leadership and the Rise of Great Powers, Princeton: Princeton University Press, 2019.
323 L. Dignan, »HP launches 3D printing center in China«, *ZDNet*, 28. Juni 2018; www.zdnet.com/article/hp-launches-3d-printing-center-in-china/; Zugriff 1. März 2019
324 M. Slater, »The HP China Supplier List«; 21. November 2016; www.chinacheckup.com/blogs/articles/hp-china-supplier-list; Zugriff 1. März 2019
325 FoxKTVU, »California Exodus«, 5. November 2018; www.ktvu.com/news/ktvu-local-news/california-exodus-study-says-more-people-leaving-state-than-moving-here; Zugriff 2. März 2019
326 V. Davis Hanson, »America's First Third World State«, *National Review*, 18. Juni 2019; www.nationalreview.com/2019/06/california-third-world-state-corruption-crime-infrastructure/; Zugriff 19. Juni 2019
327 V. Davis Hanson, »California's Rendezvous with Reality«, *National Review*, 28. Februar 2919; www.nationalreview.com/2019/02/california-state-taxes-richest-one-percent/; Zugriff 1. März 2019
328 L. Sand, »More, More, More: For the American Federation of Teachers, too much education spending is never enough.«, *City Journal*, 26. März 2019;www.city-journal.org/american-federation-of-teachers-spending?fbclid=IwAR3g-iWZwLUm2E1IK_xgXnnKXkwZXR1PE8zqVzTcoITc72qlJ-NEejT_XcLo; Zugriff 30. März 2019
329 B. Ziegler, »Education Rankings Measuring how well states are educating their students«, *USNews*, 14. Mai 2018; www.usnews.com/news/best-states/rankings/education; Zugriff 1. März 2019
330 V. Davis Hanson, »California's Rendezvous with Reality«, *National Review*, 28. Februar 2919; www.nationalreview.com/2019/02/california-state-taxes-richest-one-percent/; Zugriff 1. März 2019
331 Caltech Office of the Registrar, »Fall Enrollment 2018–2019«, 2019; www.registrar.caltech.edu/academics/enrollment; Zugriff 20. April 2019
332 S. Singh-Kurtz, »San Francisco is officially LGBTQ—but what about Black and Chinese?«, *Quartzy*, 3. Mai 2018; qz.com/quartzy/1269613/san-francsico-just-designated-its-se-

cond-lgbtq-district-but-what-about-black-and-chinese/; Zugriff 20. April 2019

333 R. Vargese, »Even California's Analysts Are Confused About Bullet Train Fate«, *Bloomberg,* 26. Februar 2019; 26. Februar 2019; Zugriff 1. März 2019

334 T. L. Pyle, »California's failed bullet train: 100 billion reasons to return taxpayer money«, *Fox Business*, 5. März 2019; www.foxbusiness.com/politics/californias-failed-bullet-train-100-billion-reasons-to-return-taxpayer-money; Zugriff 6. März 2019

335 En.Wikipedia, »List of high-speed railway lines«; en.wikipedia.org/wiki/List_of_high-speed_railway_lines: 27. Januar 2019; Zugriff 29. Januar 2019

336 C. Thompson, M. Matousek, »America's infrastructure is decaying — here's a look at how terrible things have gotten«, *Business Insider*, 5. Februar 2019; www.businessinsider.com/asce-gives-us-infrastructure-a-d-2017-3?IR=T; Zugriff 12. März 2019

337 B. Chakraborty, »Dozens of faith leaders arrested at San Diego ›Love Knows No Borders‹ protest«, *Fox News*, 10. Dezember 2018; www.foxnews.com/us/dozens-of-faith-leaders-arrested-at-san-diego-love-knows-no-borders-protest; Zugriff 1. März 2019

338 N. Esipova et al., »More Than 750 Million Worldwide Would Migrate If They Could«, Gallup, 10. Dezember 2018; news.gallup.com/poll/245255/750-million-worldwide-migrate.aspx; Zugriff 1. März 2019

339 H. Rindermann, *Cognitive Capitalism*, Cambridge University Press, 2018, S. 433

340 T. Walker, »How Good Schools and Good Intentions Widen the Achievement Gap«, *National Education Association*, 15. Oktober 2015; neatoday.org/2015/10/21/how-good-schools-and-good-intentions-widen-the-achievement-gap/; Zugriff 2. März 2019

341 C. Collins et al., »The Road to Zero Wealth How the Racial Wealth Divide is Hollowing Out America's Middle Class«, *Institute for Policy Studies*, 11. September 2017; www.ips-dc.org/report-the-road-to-zero-wealth/; Zugriff 2. März 2019

342 J.-C. Dumont, G. Lemaître; »Counting Immigrants and Expatriates in OECD Countries: A New Perspective«, 2005;

S. 29/ Chart 3; www.oecd.org/els/mig/35043046.pdf; Zugriff 3. März 2019

343 J.-C. Dumont, G. Lemaître; »Counting Immigrants and Expatriates in OECD Countries: A New Perspective«, 2005; S. 37/ Table A4; www.oecd.org/els/mig/35043046.pdf; Zugriff 3. März 2019

344 J. M. Krogstad, J. Radford, »Education levels of U. S. immigrants are on the rise«, *PEW Research*, 14. September 2018; www.pewresearch.org/fact-tank/2018/09/14/education-levels-of-u-s-immigrants-are-on-the-rise/; Zugriff 12. März 2019

345 OECD, »Doctorate holders«, *OECD Science, Technology and Industry Scoreboard 2015: Innovation for growth and society*, 2015; doi.org/10.1787/sti_scoreboard-2015-10-en; Zugriff 3. März 2019

346 Contributors of Wikipedia, »List of Jewish Nobel Laureates«, 28. Februar 2019; en.wikipedia.org/wiki/List_of_Jewish_Nobel_laureates; Zugriff 3. März 2019

347 F. A. Curlin et al., »Religious Characteristics of U. S. Physicians: A National Survey«, Juli 2005; www.ncbi.nlm.nih.gov/pmc/articles/PMC1490160/; Zugriff 13. Februar 2019

348 E. Redden, »Foreign Students and Graduate STEM Enrollment«, *Inside Higher Education*, 11. Oktober 2017; www.insidehighered.com/quicktakes/2017/10/11/foreign-students-and-graduate-stem-enrollment; Zugriff 4. März 2019

349 PEW, »International Migrants by Country«, 30. Januar 2019; www.pewglobal.org/interactives/international-migrants-by-country/; Zugriff 5. März 2019

350 H. Rindermann, »Appendix Cognitive ability measures Sources and combination«, 2018; www.tu-chemnitz.de/hsw/psychologie/professuren/entwpsy/team/rindermann/pdfs/RindermannCogCapAppendix.pdf; Zugriff 5. März 2019; H. Rindermann, »Appendix Cognitive ability measures Sources and combination«, 2018; www.tu-chemnitz.de/hsw/psychologie/professuren/entwpsy/team/rindermann/pdfs/RindermannCogCapAppendix.pdf; Zugriff 5. März 2019; J. Vaughan, »Immigration Multipliers Trends in Chain Migration«, *Center for Immigration Studies*, September 2017; cis.org/sites/default/files/2017–09/vaughan-chain-migration_1.pdf; Zugriff 7. März 2019

353 E. Dunne, »Wisconsin's failed Foxconn deal offers a key lesson on corporate welfare«, *Washington Examiner*, 8. Februar 2019; www.washingtonexaminer.com/opinion/wiscon-sins-failed-foxconn-deal-offers-a-key-lesson-on-corporate-welfare; Zugriff 6. März 2019

354 J. Nicas, »A Tiny Screw Shows Why iPhones Won't Be ›Assembled in U.S.A‹«, *New York Times*, 28. Januar 2019; www.nytimes.com/2019/01/28/technology/iphones-apple-china-made.html; Zugriff 30. Januar 2019; T. Au, »China and South Korea will displace the West as the world's innovation leaders by 2029«, *Lexology*, 20. Juli 2018; www.lexology.com/library/detail.aspx?g=cdcad80e-a816-4ec0-9d13-c755986dff27; Zugriff 7. März 2019; J. E. Garten, »How To Win The Global War For Talent«, *Foreign Policy Magazine*, 5. Oktober 2015; foreignpolicy.com/2015/10/05/how-to-win-the-global-war-for-talent-brain-drain-us/; Zugriff 7. März 2019 (*Now is the time for America to engineer a massive raid on the brain power abroad and capture the world's scientists, tech-savvy talent, engineers, and mathematicians*)

357 CIA, »Median Age«, *World Factbook*, 2019; www.cia.gov/library/publications/the-world-factbook/rankorder/2177rank.html; Zugriff 8. März 2019

358 R. Hass, Z. Balin, »US-China relations in the age of artificial intelligence«, Brookings, 10. Januar 2019; www.brookings.edu/research/us-china-relations-in-the-age-of-artificial-intelligence/; Zugriff 8. März 2019

359 *The Economist*, 15.-21. September 2018, S. 71

360 S. Andriole, »Artificial Intelligence, China And The U.S. – How The U.S. Is Losing The Technology War«, *Forbes*, 9. November 2018; www.forbes.com/sites/steveandriole/2018/11/09/artificial-intelligence-china-and-the-us-how-the-us-is-losing-the-technology-war/#1c98f1c76195; Zugriff 2. April 2019

361 K. Shi-Kupfer, M. Ohlberg, »China's Digital Rise: Challenges for Europe«, *Mercator Institute for China Studies*, 7. April 2019; www.merics.org/sites/default/files/2019-04/MPOC_No.7_ChinasDigitalRise_web_2.pdf; S. 8; Zugriff 8. April 2019

362 China Development Brief, »Western Returned Scholars Association has its operations suspended for three months«, 15. März 2018; www.chinadevelopmentbrief.cn/news/western-returned-scholars-association-received-an-administra-

tive-penalty-to-cease-its-operations-for-three-months/; Zugriff 19. März 2019

363 Dentsu Aegis, *Digital Society Index*, 2018; https://dan.hu/wp-content/uploads/2018/03/DAN_Digital-Society-Index-2018.pdf; S. 23, Zugriff 8. März 2019

364 K. Nathani, »What Makes China the World Leader in AI«, *Entrepreneur.com*, 29. September 2018; www.entrepreneur.com/article/320876; Zugriff 8. März 2019

365 K. Eriksson et al. »Trade Shocks and the Shifting Landscape of U. S. Manufacturing«, *NBER Working Paper No. 25646*, März 2019; www.nber.org/papers/w25646; Zugriff 15. März 2015

366 Z. Halaschak, »Young voters embracing socialism: Poll«; *Washington Examiner*, 10. März 2019; www.washingtonexaminer.com/news/young-voters-embracing-socialism-poll; Zugriff 12. März 2019

367 G. E. Dirks, »Immigration Policy in Canada«, *The Canadian Encyclopedia*, 29. Juni 2017; www.thecanadianencyclopedia.ca/en/article/immigration-policy; Zugriff 19. März 2019

368 J. Green, »Canadian Jewish Nobel Winners Made their Mark on the World«, *Canadian Jewish News*, 19. August 2017; www.cjnews.com/culture/canada-150/canadian-jewish-nobel-winners-made-mark-world; Zugriff 2. April 2019

369 R. Lynn, »IQ in Japan and the United States shows a growing disparity«, *Nature*, Nr. 297, 1982, 222–223; www.nature.com/articles/297222a0; Zugriff 20. Februar 2019

370 D. Bascaramurty, »Canada aims for immigration boost to buttress economy as population ages«, *The Globe and Mail*, 1. November 2017; www.theglobeandmail.com/news/politics/canada-to-admit-40000-more-immigrants-a-year-by-2020-under-liberals-new-three-year-plan/article36800775/; Zugriff 19. März 2019

371 S. Harper, *Demography: A very short Introduction*, Oxford: Oxford University Press, 2018, 107 (*ability to integrate readily and their possession of qualifications positively useful to Australia*)

372 Federal Register of Legislation, »Racial Discrimination Act 1975«, 1. Januar 2014; www.legislation.gov.au/Details/C2014C00014; Zugriff 22. März 2019

373 Bertelsmann Stiftung, »Deutscher Arbeitsmarkt auf außereuropäische Zuwanderung angewiesen«, 12. Februar 2019;

www.bertelsmann-stiftung.de/de/themen/aktuelle-meldungen/2019/februar/deutscher-arbeitsmarkt-auf-aussereuropaeische-zuwanderung-angewiesen/; Zugriff 12. Februar 2019

374 Australian Government, »Germany-born«, 2014; www.dss.gov.au/sites/default/files/documents/02_2014/germany.pdf; Zugriff 2. April 2019

375 J. Philips, »Boat arrivals in Australia: a quick guide to the statistics«, *Parliament of Australia*, 23. Januar 2014; www.aph.gov.au/About_Parliament/Parliamentary_Departments/Parliamentary_Library/pubs/rp/rp1314/QG/BoatArrivals; Zugriff 19. März 2919

376 Monash University, »Australian Border Deaths Database«, March 2019; arts.monash.edu/social-sciences/border-crossing-observatory/australian-border-deaths-database/; Zugriff 19. März 2019

377 S. Malm, »Migration to Australia«, *Mail Online*, 13. Juli 2018; www.dailymail.co.uk/news/article-5949623/Australia-migrant-numbers-hit-10-year-low.html (*We're making sure that people who do become part of our Australian family are coming here to work, not to lead a life on welfare. […]. If you have a robust migration program like we have, […] they are going to be productive, you will see increased economic benefit.*); Zugriff 19. März 2019

378 H. Rindermann, »Appendix Cognitive ability measures Sources and combination«, 2018; www.tu-chemnitz.de/hsw/psychologie/professuren/entwpsy/team/rindermann/pdfs/RindermannCogCapAppendix.pdf; 2018; S. 19/20, Zugriff 18. März 2019

379 GPFI, »G20 National Remittance Plan 2017 Australia«, 2017; www.gpfi.org/sites/default/files/Australia%20-%20G20%20National%20Remittance%20Plan%202017.pdf; Zugriff 19. März 2019

380 M Preen, »China's Mega City Clusters: Jing-Jin-Ji, Yangzte River Delta, Pearl River Delta«, *China Briefing*, 25. Oktober 2018; www.china-briefing.com/news/chinas-mega-city-clusters-jing-jin-ji-yangzte-river-delta-pearl-river-delta/; Zugriff 19. März 2019

381 Museum Victoria, »History of Immigration from China«, 2013; museumsvictoria.com.au/origins/history.aspx?pid=9; Zugriff 22. März 2019

382 Australian Bureau of Statistics, »2016 Census QuickStats: Victoria«, 13. Dezember 2018; quickstats.censusdata.abs.gov.au/census_services/getproduct/census/2016/quickstat/2?opendocument; Zugriff 22. März 2019

383 En.Wikipedia, »Overseas Chinese«, 14. März 2019; en.wikipedia.org/wiki/Overseas_Chinese; Zugriff 19. März 2019

384 Wayback Machine, 27. März 2018; web.archive.org/web/20180327132827/www.moj.go.jp/content/001254624.pdf; Zugriff 19. März 2019

385 A. Bell et al., »Who Becomes an Inventor in America? The Importance of Exposure to Innovation«, November 2018; www.equality-of-opportunity.org/assets/documents/inventors_paper.pdf; Zugriff 10. März 2019

386 H. Rindermann, M. Sailer, J. Thompson, »The impact of smart fractions«, in *Talent Development/Excellence*, Bd. 1, Nr. 1, 2009, 3–25

387 S. Keller, M. Meaney, »Attracting and retaining the right Talent«, *McKinsey*, November 2017; www.mckinsey.com/business-functions/organization/our-insights/attracting-and-retaining-the-right-talent; Zugriff 21. März 2019

388 S. Hwang, »The New White Flight In Silicon Valley, two high schools with outstanding academic reputations are losing white students as Asian students move in. Why?«, 19. November 2005; www.wsj.com/articles/SB113236377590902105; Zugriff 15. Juni 2019

389 K. Donnelly, »Asian excellence shows how cultural factors influence results«, *Herald Sun*, 18. Dezember 2013; www.heraldsun.com.au/news/opinion/asian-excellence-shows-how-cultural-factors-influence-results/news-story/21ee8dcd3cf7e576e161f4ece23fa1b8; Zugriff 20. März 2019

390 Education Standards Authority, »HSC TOP ACHIEVERS IN COURSE«, 2019; educationstandards.nsw.edu.au/wps/portal/nesa/11–12/hsc/results-certificates/merit-lists/top-achievers-in-course; Zugriff 20. März 2019

391 M. McGowan, »China-backed company proposes $24 billion high speed rail network from Newcastle to Sydney«, 22. Januar 2016, www.theherald.com.au/story/3681637/24b-high-speed-rail-project-into-the-heart-of-newcastle-poll/, Zugriff 20. März 2019

392 In einem Brief vom 13. Oktober 1806 an Friedrich Immanuel Niethammer (1766–1848)

393 UNWTO, »Yearbook of Tourism Statistics, Data 2013–2017, 2019 Edition«, 2019; publications.unwto.org/publication/yearbook-tourism-statistics-data-2013–2017–2019-edition; Zugriff 28. März 2019

394 K. Whiting, »Why China will soon be the world's top destination for tourists«, *World Economic Forum*, 13. November 2018; www.weforum.org/agenda/2018/11/china-will-be-the-worlds-top-tourist-destination-by-2030/; Zugriff 28. März 2019

395 Statistics Times, »GDP Indicators 2019«, 4. Januar 2019, statisticstimes.com/economy/gdp-indicators-2019.php; Zugriff 14. März 2019

396 L. Pritchett, »The first PISA results for India: The end of the beginning«, 5. Januar 2012; blog.theleapjournal.org/2012/01/first-pisa-results-for-india-end-of.html; Zugriff 22. März 2019

397 World Population Review, »Total Population by Country 2019«, 20. März 2019, worldpopulationreview.com/countries/; Zugriff 20. März 2019

398 WIPO 2019, »Annex 1: PCT international applications by origin«, 2019; www.wipo.int/export/sites/www/pressroom/en/documents/pr_2019_830_annex.pdf#annex1; Zugriff 14. Juni 2019

399 Unkorrgiert berechnet in H. Rindermann, »Appendix Cognitive ability measures Sources and combination«, 2018; www.tu-chemnitz.de/hsw/psychologie/professuren/entwpsy/team/rindermann/pdfs/RindermannCogCapAppendix.pdf;S.13ff

400 Errechnet aus United Nations, »World Population Prospects: The 2017 Revision«, 21. Juni 2017; www.un.org/development/desa/publications/world-population-prospects-the-2017-revision.html; Zugriff 23. März 2019

401 F. Oluyole, »Nigeria: Ajaokuta: How Nigeria's Largest Industrial Project Failed«, *Premium Times*, 26. Dezember 2017; allafrica.com/stories/201712270020.html; Zugriff 20. Februar 2019

402 USAID, Power Africa: Fact Sheet Nigeria, 2018; www.usaid.gov/sites/default/files/documents/1860/Nigeria_-_November_2018_Country_Fact_Sheet.pdf, Zugriff 20. Februar 2019

403 WIPO 2019, »Annex 1: PCT international applications by origin«, 2019; www.wipo.int/export/sites/www/pressroom/en/documents/pr_2019_830_annex.pdf#annex1; Zugriff 14. Juni 2019

404 World Atlas, »15 biggest cities in Africa«, 25. April 2017; www.worldatlas.com/articles/15-biggest-cities-in-africa.html; Zugriff 23. März 2019
405 J. Barofsky et al., »Can rapid urbanization in Africa reduce poverty? Causes, opportunities, and policy recommendations«, *Brookings,* 7. September 2016; www.brookings.edu/blog/africa-in-focus/2016/09/07/can-rapid-urbanization-in-africa-reduce-poverty-causes-opportunities-and-policy-recommendations/; Zugriff 23. März 2019
406 Statistics Times, »List of Countries by Projected GDP per capita«, 30. März 2019; statisticstimes.com/economy/countries-by-projected-gdp-capita.php; Zugriff 2. April 2019
407 Siehe etwa D. Rodrik, »Premature deindustrialization in the developing world«, 15. Februar 2015; rodrik.typepad.com/dani_rodriks_weblog/2015/02/premature-deindustrialization-in-the-developing-world.html; Zugriff 23. März 2019
408 T. Cowen, »Premature deindustrialization«, 27. März 2018; www.youtube.com/watch?v=xsAjHzAGZDU; Zugriff 23. März 2019
409 H. Riedel, O. Hauptner, »Armut ist in Deutschland vor allem ein Problem in den Großstädten«, *Bertelsmann Stiftung*, 2. April 2019; www.bertelsmann-stiftung.de/de/themen/aktuelle-meldungen/2019/april/armut-ist-in-deutschland-vor-allem-ein-problem-in-den-grossstaedten/; Zugriff 2. April 2019
410 D. Eckert, »Diese deutschen Großstädte stecken in der Armutsfalle«, *Die Welt*, 2. April 2019; www.welt.de/wirtschaft/article191220531/Bertelsmann-Stiftung-Diese-deutschen-Grossstaedte-stecken-in-der-Armutsfalle.html; Zugriff 2. April 2019
411 M. Castillo, A. Martins, »Premature deindustrialization in Latin America«, *Economic Commission for Latin America and the Caribbean*, Juni 2016; www.cepal.org/en/publications/40241-premature-deindustrialization-latin-america; Zugriff 23. März 2019
412 C.-S. Kim, S. Lee, »Different Paths of Deindustrialization: Latin American and Southeast Asian Countries from a Comparative Perspective«, *Journal of International and Area Studies*. Bd. 21, Nr. 2. Dezember 2014, pp. 65–81; www.jstor.org/stable/43490506?seq=1#page_scan_tab_contents; Zugriff 23. März 2019

413 S. Raihan, »Are South Asian countries ›deindustrialising‹ prematurely?«, *The Daily Star*, 4. Mai 2017; www.thedailystar.net/op-ed/are-south-asian-countries-deindustrialising-prematurely-1400050; Zugriff 23. März 2019

414 H. Rindermann, »Appendix Cognitive ability measures Sources and combination«, 2018; www.tu-chemnitz.de/hsw/psychologie/professuren/entwpsy/team/rindermann/pdfs/RindermannCogCapAppendix.pdf; 2018; S. 13 ff. Zugriff 15. Juni 2019

415 S. Chaudhuri; »Premature Deindustrialization in India and Re thinking the Role of Government«, April 2015; halshs.archives-ouvertes.fr/halshs-01143795/document;

416 S. Dahiya, L. Myllyvirta, »India's airpocalypse is affecting twice as many cities as previously thought«, *Unearthed*, 29. Januar 2019; unearthed.greenpeace.org/2019/01/29/india-air-quality-pollution-data-national-plan-map/; Zugriff 23. März 2019

417 WIPO 2019, »Annex 1: PCT international applications by origin«, 2019; www.wipo.int/export/sites/www/pressroom/en/documents/pr_2019_830_annex.pdf#annex1; Zugriff 14. Juni 2019

418 S. Raihan, »Are South Asian countries ›deindustrialising‹ prematurely?«, *The Daily Star*, 4. Mai 2017; Zugriff 23. März 2019 www.thedailystar.net/op-ed/are-south-asian-countries-deindustrialising-prematurely-1400050; Zugriff 23. März 2019

419 M. H. López, »Trade liberalization and premature deindustrialization in Colombia«, *Journal of Economic Structures*, 6. November 2017; journalofeconomicstructures.springeropen.com/articles/10.1186/s40008-017-0095-6; Zugriff 23. März 2019

420 Wikipedia contributors, »List of Indian Americans«, 31. Mai 2019; en.wikipedia.org/wiki/List_of_Indian_Americans#Nobel_Prize_recipients; Zugriff 12. Juni 2019.

421 IGEM, »IGEM 2018 Results«, 2018; 2018.igem.org/Competition/Results; Zugriff 13. April 2019

422 Epinoma, »Using Synthetic Biology to Enhance Liquid Biopsy«, 2018; 2018.igem.org/Team:UC_San_Diego; Zugriff 13. April 2019

423 G. Livingston, »Is U. S. fertility at an all-time low?«, *PEW Research Center*, 22. Mai 2019; www.pewresearch.org/fact-

tank/2019/05/22/u-s-fertility-rate-explained/; Zugriff 16. Juni 2019
424 So Sir Gordon Messenger (*1962; seit Mai 2016 *Vice Chief of the Defence Staff*) beim Vortrag am 12. Juli 2018 im *Royal College of Defense Studies* (London).
425 (1) Wikipedia contributors, »Overseas Chinese«, 29. März 2019; en.wikipedia.org/w/index.php?title=Overseas_Chinese/oldid=889 962 322; Zugriff 30. März 2019. (2) Wikipedia contributors, »Japanese diaspora«, 16. März 2019 fromen.wikipedia.org/w/index.php?title=Japanese_diaspora/oldid=887976273; Zugriff 30. März 2019. (3) Wikipedia contributors, »Korean diaspora«, 15. März 2019; en.wikipedia.org/w/index.php?title=Korean_diaspora/oldid=887810148; Zugriff 30. März 2019
426 Statista, »Number of Chinese people living overseas as of 2017, by continent (in 1,000s)«; 2019; www.statista.com/statistics/632850/chinese-nationals-number-overseas-by-continent/; Zugriff 22. März 2019
427 P. J. Haythornthwaite, *The World War One Source Book*, London: Brockhampton Press, 2000, 382 f.
428 Vgl. G. Heinsohn, »Security implications of changing demographic trends«, Festvortrag zum 15. Geburtstag des *Joint Warfare Center* (JWC) der NATO in Stavanger (Norwegen), 23. Oktober 2018
429 Vgl. G. T. Allison, *Destined for War: Can America and China Escape Thucydides's Trap?* Boston/Ma.: Houghton Mifflin Harcourt, 2017
430 H. G. Wells, *Anticipations of the Reaction of Mechanical and Scientific Progress upon Human Life and Thought*, London: Chapman/Hall, 1901, Kapitel VI (»War«); www.online-literature.com/wellshg/anticipations/6/; (*The nation that produces in the near future the largest proportional development of educated and intelligent engineers and agriculturists, of doctors, schoolmasters, professional soldiers, and intellectually active people of all sorts/ will certainly bethe nation that will be the most powerful in warfare as in peace, will certainly be the ascendant or dominant nation before the year 2000*); Zugriff 27. März 2019
431 Siehe R. Zitelmann, *Die Gesellschaft und ihre Reichen: Vorurteile über eine beneidete Minderheit*, München: Finanzbuch-Verlag, 2019, Teil B

432 H. G. Wells, *Anticipations of the Reaction of Mechanical and Scientific Progress upon Human Life and Thought*, London: Chapman/Hall, 1901, Kapitel VIII (»Synthesis«); www.online-literature.com/wellshg/anticipations/8/ (*the renascence of Eastern Asia*)

433 N. McCarthy, »The Countries With The Most STEM Graduates«, *Statista*, 3. Februar 2017; www.statista.com/chart/7913/the-countries-with-the-most-stem-graduates/; Zugriff 16. April 2019

434 Sie ausführlich J. Hoevsgaard; *Gier, Gas und Geld: Wie Deutschland mit Nord Stream Europas Zukunft ruiniert*, Berlin: Europa Verlag 2019

435 J. Nordlinger, »Nazis and Communists: A Talk with Vladimir Bukovsky, Part III«, *National Review*, 15. Mai 2019; www.nationalreview.com/2019/05/vladimir-bukovsky-conversation-nazis-communists/; Zugriff 12. Juni 2019

436 College Board, »SAT Results: Class of 2018«, 2019; reports.collegeboard.org/sat-suite-program-results/class-2018-results; Zugriff 13. Juni 2019

437 WIPO 2019, »Annex 1: PCT international applications by origin«, 2019; www.wipo.int/export/sites/www/pressroom/en/documents/pr_2019_830_annex.pdf#annex1; Zugriff 14. Juni 2019

438 WIPO, »PCT international applications by origin«, 2018; www.wipo.int/export/sites/www/pressroom/en/documents/pr_2018_816_annexes.pdf#annex1; Zugriff am 28. März 2019

439 BBC-News, »African migration: Five things we've learnt«, 26. März 2019; www.bbc.com/news/world-africa-47705944; Zugriff 31. März 2019

440 Errechnet aus Necrometrics, »Death Tolls across History«, Januar 2014; necrometrics.com/; Zugriff 17. April 2019

441 M. L. Tupy, »The Miracle of Industrialization«, *National Review*, 2. Mai 2019; www.nationalreview.com/magazine/2019/05/20/the-miracle-of-industrialization/; Zugriff 4. Mai 2019 (*In 1800, food supply per person per day in France, which was one of the most advanced countries in the world, was a mere 1,846 calories. In 2013, food supply per person per day in Africa, the world's poorest continent, amounted to 2,624 calories*)

VII: Danksagung

Mein Dank für die Diskussion des Manuskripts geht an Frank Decker (Sydney/Australien). Hinweise kamen auch von Heiner Rindermann (Chemnitz) und Clark Whelton (New York).

Gdańsk/Danzig, August 2019